"人生学校"成立于 2008 年,是一个由英国知名作家阿兰·德波顿创建的文化平台,旨在通过电影、工作坊、图书、礼物以及温暖又富于支持的社群,来帮助人们过上更充实、更有意义的生活。在优兔平台已经拥有超过 900 万订阅者。

很多人在年轻时天真地以为校园学习就是掌握全部知识的途径,长大后才发现在学校里很多东西是学不到的,很多问题更是连思考的机会都没有。德波顿利用自己的影响力创办"人生学校",挑战传统大学教育,重新组织知识架构,令其和日常生活更贴近,让文化更好地为人们服务。

"人生学校"出版的图书都与人们日常生活中的重要问题直接相关,并相信最为棘手的问题皆因缺乏自我觉知、同理心和有效沟通而起。本次首批引进的 11 册,聚焦于情感议题,从如何寻找一个合适的伴侣,到如何长久地经营一段亲密关系,给出了全方位的建议。

扫码关注

我们提供知识 以应对变化的世界

人生学校・The School of Life

该结束这段感情吗

[英]阿兰·德波顿 / 主编
[英]人生学校 / 著　　张闻一 / 译

中信出版集团 | 北京

(Stay or Leave) ♡

By

The School of Life

目录

引言 / 001

一、可以期望伴侣做出改变吗 / 007

二、性格不合应该是分手的原因吗 / 013

三、人会变吗 / 021

四、值得为性生活分手吗 / 029

五、应该为了孩子留下吗 / 037

六、已经试过所有方法了吗 / 047

七、如果孤独终老怎么办 / 055

八、你会不会重蹈覆辙 / 071

九、你能应付分开后的生活吗 / 081

十、究竟是谁甩了谁 / 089

十一、为什么你觉得自己被这段感情困住了 / 095

十二、为什么你看不透对方 / 103

十三、什么建议可以让你不那么害怕分开 / 115

十四、分手一定意味着感情的失败吗 / 123

十五、可是你不觉得对方很差劲 / 131

十六、有权做这件事吗 / 137

十七、是否期望过高 / 143

十八、该怎么告诉对方 / 153

十九、为什么对方现在看起来这么顺眼 / 163

二十、有些念旧怎么办 / 171

二十一、可以妥协吗 / 179

二十二、如何为这段感情画上句号 / 185

二十三、这个选择是错的吗 / 191

引言

"你可以求助的人很少。"

当我们不确定自己的感情关系是否要继续下去，并感到痛苦和绝望的时候，我们会陷入一种奇怪的恐惧，不断地在脑海中设想这段关系若再发展下去一定只会越来越糟。如果对方的言行非常过分，或是令人非常不快，并且你无法忍受和对方待在一起——简言之，就是彼此看不顺眼——那么你至少应该清楚接下来要怎么做。

但是由于各种因素的影响，情况往往不是这么简单。你有时会喜欢伴侣，你会和伴侣一起开怀大笑，你们会尊重彼此，可能某个晚上他依然会让你心动，你也很欣赏他在工作上的出色表现，你心里还是认为他超越了你身边99%的人。你会发现自己自相矛盾，无论他有多恼人，你也恨不起他来。

同时，你也并没有完全与他和解。每当你重新进入这段感情关系的舒适区，并开始相信他就是未来和你一直走下去的人时，总会发生一些意外打破你的美好幻想。你会再次意识到不能这样下去了，情况根本就不会有什么好转。你和伴侣之间的问题已经严峻到你无法再视而不见，你必须为下一步做打算，在还有机会的时候体面地离开。可能是很久没有发生身体上的亲密接触，或是缺乏情感上的联结，对方拒绝好好处理那些内在的问题，你和他之间不断爆发争吵，爱情的甜蜜、温暖和快乐也被消耗殆尽。无论是什么原因造成了这样的结果，你都必须承认，这段感情已经严重失调，别人的幸福甚至都会刺痛你的心，让你想起自己的感情关系中种种令人难堪的漏洞。

关于感情中离开或留下的抉择往往是孤独的，社会怜悯被甩的人，爱惜那些在交往中的人，却偏偏对在感情中犹豫不决的人十分刻薄。这个世界对你的要求是，"你要勇敢，你要果断，不要扭扭捏捏，不要絮絮叨叨"，却看不见你多少次在深夜辗转反侧和经历内心的痛苦挣扎。别人称赞你们是"幸福的一对"时（尤其是刚刚经历严重的情感危机时），你只好露出苦笑。你彻夜难眠，凌晨时分不禁会想假装幸福真的太累了，你不得不在心底郑重地思考自己的抉择，并默默承受那深不见底的恐惧。

在离开或留下的问题上，你可以求助的人很少。即使是你非常信赖的知己，也很难为你提供有用的建议。朋友要么劝你"快刀斩乱麻"，赶紧结束这段关系；要么劝你"睁一只眼闭一只眼"，继续维持这段关系。而你其实也明白，朋友给出这样的建议，则与他们自己的感情经历以及想掺和是非的心理有关。

本书旨在帮助你摆脱这种无助感。你可能正需要一种力量来支持你做自己想做的事，并且希望从书中找到合理的解释。然而也可能你想要离开一段感情关系的念头越来越明晰，这引起了争执以及对希望和承诺的渴望。要想知道自己的真实心意，最好的方式或许就是静下心来，问问自己认同和喜欢的是什么，反感和抗拒的又是什么。

当你读完本书时，也许你会决定继续这段感情，也许你会发觉自己想要赶紧和伴侣沟通以便结束这段感情。无论你的决定是什么，希望你能够下定决心解决问题。你不能无限期地让自己困在痛苦、纠结的状态中，你该做出选择了：要么重新出发，把握相爱的机会（或者其他继续爱下去的形式）；要么勇敢地放下过往。当你决定继续在这段感情里走下去时，原因一定是你有足够坚定的信心和不会后悔的理由；当你决定转身离开时，也一定是带着最小的怀疑和最少的遗憾。你可以把本书当作一个摆渡人，从而抵达更明亮、更不易妥协的未来。

一、可以期望伴侣做出改变吗

"真正心理健康的人知道自己存在缺陷。"

受文化环境的影响,你形成了"爱一个人就要爱他的全部"的观念,你也喜欢和对方说,"我不想你为我改变什么"。在热恋期,对方口中的"我不会让你为我改变什么"无疑是最浪漫的甜言蜜语;而当激情逐渐消退的时候,你会向对方发出痛苦和失望的质问,"你为什么接受不了现在的我?"

当一段感情走到终点,你可以说原因是对方想让你改变,而这样的说辞往往也会得到旁人的同情。

这听上去似乎合情合理,但如果你能抱着谦虚的心态仔细想想人类的本质,你就会发现这不一定完全合理。人类是一种焦虑、破碎、盲目、迷茫、进化不完全的灵长类动物。几乎每个人都是疯狂（不带任何贬义）的个体，不同的童年经历塑造了不同的性格。在面临一系列转变时，你可能会反应过度或是反应迟钝；你可能有时不能把握现实的关键；你可能会误解别人的意思；你对未来感到迷茫；你可能做出很多糟糕的判断，并且面对问题时常常不知所措。

在这样的情况下，你依然坚信自己不需要做出任何改变，而对方应该无条件地爱你的一切。如果对方希望你在某些方面有所改变，你就会生气——这既傲慢又类似无理取闹。既然人性的本质就有缺陷，我们怎么能不努力改变和完善自己呢？我们怎么会不为曾经幼稚的自己而感到尴尬呢？如果别人提出了善意的建议，我们又有什么理由不接受呢？

因此，是时候重新审视"健全的成人"的定义了。一个健全的成人不会因为别人的善意提醒而生气，而会把它当作提升自己的契机。一个真正的成人知道自己需要不断成长。真正心理健康的人知道自己存在缺陷（我们都有缺陷）。相反，那些固执地认为自己不需要改变的人，才是最需要改变的人。当你出于好意提醒他们时，他们会大发雷霆，丝毫不反思自己的问题，反而将矛头指向你，认为有问题的是你。

不过，当你希望对方做出改变的时候，你还是要以友善和成熟的方式提出来，而不是蛮横武断地要求他必须改变。本章所探讨的主题就是建立在这样一个基础之上，即你与伴侣彼此相爱，同时你希望他能以特别的方式成长。例如，你希望他学会少说多听，能够更脚踏实地，更关心你一点或至少能向你解释为什么他不关心这个方面，能够更好地处理和你的性生活，能正视自己的过去及其对现在造成的影响，学会自我消化情绪，能够认识到自己在某方面有些上瘾并积极寻求帮助，能够认可你的工作，在你的领导和同事面前给你尊严，在你的朋友、孩子面前维护你的形象，做到忠诚、善良、放松、注重当下……

这些对他的期待与爱的表达不完全一致，其实是爱的作品。感情关系应该是一间教室，在此我们互为良师，彼此支持和怜悯，从而成为最好的我们。感情关系不应该是一个封闭的洞穴，不应该让双方忍受彼此最糟糕的一面，也不应该让一方默默地因对方带来的困难而受折磨。你可以试着用最友好、最成熟的语气询问对方："你希望我做出什么改变？"爱人之间最浪漫的事不是互赠礼物，而是接受彼此的建议，并诚恳地回应，"我如何改进会让你更开心？"

一段足够好的关系应该让双方有勇气面对自己的缺陷。对方希望你有所改变，并不是冷酷无情的表现，而是说明对方很在意你。合适的伴侣不是没有任何缺点的人，而是勇于超越自己的人。更进一步说，如果你的伴侣拒绝做出改变，并认为你的提醒是对他的冒犯，那你就要好好考虑是否继续这段感情了。

二、性格不合应该是分手的原因吗

"没有哪对情侣会因为彼此的差异而分开。"

当人们试图分析情侣分手的原因时，重点通常落在两个人的巨大差异上。两个彼此相爱的人可能有着完全不同的性格：一个人自由散漫，喜欢创新、探索，而另一个人总是有条不紊，循规蹈矩；一个人喜欢爬山，而另一个人却讨厌户外活动；一个人喜欢社交，而另一个人却喜欢独处，讨厌参加聚会。这样看来，他们最终分道扬镳也不奇怪。

这种解释的背后是一种主流的爱情理论，即两个人走到一起是因为相似，而分开则是因为不同。当我们考虑到现代约会网站的运作时，我们就能大概理解这个理论有多普遍。约会网站的系统总是会在数据库里搜索与你有着相似的兴趣、品味和观点的人,以期让你找到合适的人。总之,该理论认为,两个人之间的差异越小,就越有可能成为合适的情侣。

尽管这听上去非常合理,但实际上回避了爱情中赤裸裸的事实:这个世界上没有哪对情侣会因为彼此的差异而分开,分开的根本原因是一方无法再忍受自己的想法不被倾听和重视。有的情侣可能在很多事情上意见不一致,比如最好保持怎样的性生活频率、应该过什么样的社交生活等,但他们依然在一起;而有的情侣可能在几乎所有方面都很相似,却因为不承认彼此的能力而产生仇恨的感觉,以致最终分开。

爱情是否圆满不在于是否存在差异,而在于如何对待差异。是以好奇、妥协、体谅、谦虚的态度相处,还是怀着防备、僵化和固执的心态对待不同之处?后面一种相处模式注定会失败。

我们都知道,志趣相投并非爱情长久发展的基石,

二、性格不合应该是分手的原因吗

因为最初的志趣相投最后都可能变味。例如，两个人同样喜欢阅读、填字游戏、意大利菜、冰球和琼尼·米歇尔的歌，也许很快就坠入爱河，但是后来发现一方想学交际舞而另一方想研究考古学时，就会逐渐疏远。再如，一个人喜欢吃意大利肉酱，而另一个人喜欢吃砂锅菜和馅儿饼，两个人会重新发掘相似之处，以此避开那些小摩擦、小分歧。我们不应执着于有悖常理的吻合度。你最终找到的伴侣可能喜欢钓鱼、约翰·勒卡雷的小说，同时不喜欢咸味黄油，会随手关上橱柜的门；也可能喜欢秋季去北康沃尔露营，同时支持某个球队。不过，在面临生活中的鸡毛蒜皮时，两个般配的人或许也会为了卧室窗帘的颜色、孩子名字的选择、餐巾纸的使用或水力压裂法的伦理而争论不休。

预先存在的相似性只能让两个人走到这里，在某些时候，即使是最同频的情侣也免不了产生分歧。接下来真正重要的是如何对待分歧。一种反应是有魔法的，几乎是催情的；而另一种则令人失望，久而久之，令人难以忍受。

当分歧产生时，你想要听到对方说："你说的我都听到了，我明白你的想法，我会考虑的。或许我可以做出一点改变。"换句话说，你需要感觉到你的不同观点已经被看见，并在一定程度上得到尊重。对方可能不完全接受你的观点或立场，但他能理解你为何这样想，并努力站在你的立场上思考问题，因为他知道这对你来说意义重大。你需要的是他能够从根本上尊重你的存在，而不是急于解决那些令人不快的矛盾。对于你的小抱怨、小批评，他不会立刻反驳或暴跳如雷。他不会反过来说问题完全出在你身上，不会指责你故意找碴儿，不会抨击你古怪，更不会说他在劳累一天之后还要面对你的各种抱怨。他会尽力克制自己的情绪，不会对你发火，不会苛责你，也不会突然崩溃。即使他没能控制好情绪，也会主动向你道歉，并表示愿意再次努力。他也意识到可能需要改变自己的立场。

从长远来看，对爱情造成最大破坏的是防御性自负，即对不同意见充耳不闻或拒绝倾听对伴侣来说非常重要的事情。即使彼此在各方面都很般配，当一方显示这种态度时，这段感情最终也会走到尽头。

归根结底，防御可以说是离婚唯一且最重要的原因，即拒绝耐心地倾听对方的意见，同时不承认自己的傲慢和否认是杀死爱情的凶手。事实上，没有什么问题会严重到令人难以忍受，社会生活观念或室内设计品位的差异都不至于给感情关系判死刑，真正致命的是表达和倾听挫败感的糟糕方式。你迫切需要的爱人，不一定和你有一致的品位、兴趣，但一定拥有善良的灵魂，能够怀着谦虚的态度和好奇心对待差异。

三、人会变吗

"即使人真的会变,
也不会轻易改变。"

"人会变吗？"这个问题听上去似乎有点抽象，仿佛一个虔诚的人在祈求某个朋友或整个宇宙有改变的可能，但这种发问可能带有更加个人化、更加痛苦的色彩。

当一段感情给你带来巨大的伤害时，你往往会有这样的疑问。你发觉身边的那个人并不坦诚，总是对你撒谎；或是他好斗易怒，刻意疏远你；又或是他不仅伤害自己，还想毁掉你的人生。你会困惑、怀疑，因为你看不见这背后的原因，你做不到直接转身离开。你可能已经在这段关系上倾注了太多感情，投入了大量精力，所以你不愿轻易放弃。这段感情仿佛成了羁绊，让你无法抽身。因此，当身边的人给你造成伤害时，你不禁会思考人性究竟是什么以及人性的可塑性有多强，试图从人性的本质上为他开脱。

有一点对我们来说可能已经显而易见：即使人真的会变，也不会轻易改变。每次你指出他的问题时，他要么突然暴怒，反过来说你武断专横；要么可能在深夜情绪崩溃，承认自己的问题，然后到了第二天早上又否认自己的问题；要么就是敷衍地回应说自己知道了，但其实根本没有听进去。所以，当你希望身边的人改变时，你最多只会发现，他暂时还不能顺应你的心愿做出什么改变。

在希望伴侣做出改变之前，你可能会试探性地想："想要他做出改变是可以的吗？"而那个给你带来很多伤害的人给出的暗示，往往是带愤怒语气的否定。但是，他不愿意承认自己有需要改进的地方，也可能是因为他想让自己在你面前表现完美，以证明自己值得被爱。而你会认为，他应该带着善意倾听所有好心且还算体面的要求，并在某些情况下非常认真地采取实际行动。在你看来，他对你提出的建议嗤之以鼻，正反向表明他非常需要内在的进化。

那么，为什么让一个人做出改变这么难呢？并非抗拒改变的人不清楚自己的问题，也并非只要你指出他的问题，他就能设法努力改变。一个人牙齿上沾了菠菜叶，被提醒后他就会立刻弄掉。而改变比这可难多了。了解和感知未知事物的渴望塑造了性格，而酗酒、高压的工作或愤怒则会遏制洞察力的发展。

换句话说，拒绝改变的人不仅缺乏认知，而且固执地拒绝获得正确的认知。他抗拒改变，是在试图逃避过去带给他痛苦的那些事——他最初太软弱、太无助以至无法面对，甚至仍然没有找到应对之道。因此，你面对的与其说是一个拒绝改变的人，不如说是一个受过创伤、有着重重心结的人。

当你置身事外时，你无法与他感同身受，但你需要理解他面临的真正问题是什么。如果你不理解为什么让他改变这么难,那你就只会对他更加绝望,会陷入牛角尖,想不通为什么他就不肯让步。哪怕只是改变一点点,朝正确的方向挪一两米都不行吗?但是,如果你考虑对方的过往经历,以及他的思维形成的背景(包括他缺失对哪些事物的认知),你也许就更能理解这一现实,更富有同理心。至于那些"为什么他就不能……"的疑问,也就不再有意义。

与此同时,非常重要的是,也许在要求对方改变这件事上,你不应该坚持太久。在这个关键时刻,你需要问自己几个既不公平又相当棘手的问题。既然对方的种种行为都表明他不会做出改变,你的愿望也很可能会落空,为什么你依然死守着渺茫的希望不放?为什么你要试图叫醒一个装睡的人?为什么你屡次碰壁,却仍然期待结果会有不同?究竟是你心底的哪部分放不下这种愿望无法实现的痛苦?你的希望一次次破灭,其中有多少是重复上演的情景?

三、人会变吗

如果你关注的是改变,那你是否有一天可以与自己、他人和解,不再陷入希望对方改变的无尽等待中?也许,你可以变得更善于筛选和抉择,只留下那些能够满足你大部分需求的人。另外,也许你可以变得更勇敢,能够果断地离开那些永远只会拒绝你的人。如果你能够坚强独立起来,你就不会再为"他为什么不愿意改变"或"他什么时候会改变"之类的问题而陷入无谓的质疑、猜忌和纠结中了。

四、值得为性生活分手吗

"真正的问题其实在别处。"

现代社会已普遍认为"性生活和谐是良好感情关系的基础",这一观点在过去还令人难以置信,例如1755年的法国贵族、1952年的苏格兰农民或原始人类可能觉得这样的说法非常另类。但现在,我们不会再去否认让彼此舒适的性生活是感情中的重要部分。经验表明,你不可能长期和另一半过无性生活,如果情侣关系一直没有涉及性爱,那反而会让人怀疑。相应地,如果你向朋友解释分手是因为性生活不和谐,你就会立刻得到深切的同情和理解。因此,如果你急需一个体面的理由来结束一段感情关系,不尽如人意的性生活似乎是一个十分合理的选择。

同时，你可能也会纠结，你不禁怀疑这个想法是不是真的成立，甚至会觉得就这样分手有点荒谬。是否真的要因为缺乏几分钟的快感而离开一个人？是否真的要因为性生活质量或频率不如意而结束一段关系？从某个角度来看，那短暂的快感或许还不及一份美妙的甜点或者舞池中心两情相悦的时刻。你不禁思索，是否真的要就此结束关系，打破原本完整的家庭，并且处理令人头疼的后续财产分割和孩子抚养问题。所以，你到底应该怎样看待性生活的重要程度呢？

性爱本身就涉及生理和心理两方面，它具有双重性，因此你在考虑其是否构成分手理由时很容易摇摆不定，感到十分困惑。有些性爱在生活中就像打网球一样寻常，也有些性爱能使情侣达到灵魂交融的境界。每次性爱虽然过程都差不多，但是带来的体验和产生的意义大不相同。

基于这一点，我们可以大胆断言：几乎没有人会因

四、值得为性生活分手吗

为不尽如人意的性生活而结束一段感情关系。你内心也许确信糟糕的性生活是问题所在,但真正的问题其实在别处。同样地,即使性生活极为缺乏或是不和谐,而其他方面都完美得令人足够满意,那也可以忍受。

真正无法忍受的是彼此不再有爱的感觉,这也是我们逃避的问题。一段感情的最大意义就在于,你被对方看见、理解、接受、倾听、鼓励、支持和珍惜。如果不是如此,你很可能就宁愿独自享受生活,也不会选择恋爱、结婚。但重要的是,表达和吐露爱意的方式有很多种:可以是亲吻、拥抱、爱抚和幻想,可以是夜深时握着对方的手紧紧地依偎着睡去,可以是认真倾听对方的心事,可以是将对方的需求牢牢记在心上。当你拖着疲惫的身躯回到家里时,一个轻柔温暖的亲吻所产生的联结感会比做爱更强烈。

对方拒绝满足你的性爱需求会让你很痛苦,这与其说是你未能得到肉体上的快乐,不如说是你内心认为自己不被爱。你渴望有足够直接的证据来证明你在伴侣心中占有重要的位置。真正让你苦恼的不是性生活激情的消退，而是亲密和温柔的匮乏。

举例来说，以下两种情况存在着巨大差异。其一，有时，对方因为要准备第二天的会议而焦头烂额，或是在房间里哭闹不已的孩子让他感到烦心，但是他依然能够理解你的需求。其二，对方觉得你的需求和欲望完全不合理，并且表现得很冷淡，甚至抗拒亲热。这两种情况的实际结果也许一样——当晚不能琴瑟和鸣，但是包含的情感因素则完全不一样。第一种情况下，你能感受到被爱和被需要，遗憾的只是伴侣有其他的麻烦而不能回应你。但如果是第二种情况，你可能就真的要考虑这段感情是否还要继续。

如果伴侣理解这些为什么对你重要，并能够对你温柔以待，你大概也可以放弃许多欲望，哪怕性爱变得不再有激情。如果两个人之间有足够的感情，其中一方（出于复杂的原因）渴望和另一方发生一定的身体接触，而另一方却没有这种欲望，那么这种情形不一定是对感

四、值得为性生活分手吗

情致命的威胁。真正的伤害不是伴侣无法满足你的欲望,而是他对你采取防御性的冷漠态度,甚至批判、侮辱你。

为了探究一段感情关系是否可以挽救,你需要接受这样一个事实,即你在直面的不是与性爱有关的问题,而是潜在的距离感问题。即使双方从未渴求达到性高潮,或者从来没有完全沉浸于这样的幻想中,但在其他方面都有被彼此需要的感觉,这段关系也还有存续的可能。这种区别很微妙但很重要,如果你们最终要分开,就有必要知道真正的原因。如果你坚信问题就是出在性生活缺乏(或是缺乏你想要的那种性生活)上,那你就可能曲解自己想要从伴侣身上获得的东西。你追求的并不是一个完美的性伴侣(正如你常被教导的那样),而是一种更重要也更难获得的东西——爱慕和理解的源泉。你可能拥有了一份良好的感情关系,而性生活贫乏,但你也不再怨恨,因为你已经找到了其他许多更能让你感受到稳定和爱意的方式。

五、应该为了孩子留下吗

"孩子并不真的关心父母的选择。"

在人类历史的大部分时间里，两个人维持一段感情关系并不是为了爱情，而是为了保护财产、稳固地位、集中资源、共享农具或保证孩子的幸福。只在人类进化的最后一小段时间（不会超过250年）里，我们才开始用一种完全不同的思想体系——被称为浪漫主义的思想运动，来对待感情关系。对于浪漫主义来说，"实用性"并非感情关系最重要的价值，将一对夫妻紧密联系在一起的应当是强烈的情感，包括性生活足够好、被理解的程度很高、彼此在很大程度上像灵魂伴侣。

这种雄心勃勃、与众不同的爱情哲学向传统观念发出了挑战，给人们带来了巨大的困惑。在传统意义上，夫妻优先考虑的事情是让孩子在完整的家庭中成长。从稳定的农业社会开始，家庭团结就被认为是高于夫妻内心满足感和情感愉悦度的东西。如果丈夫因为妻子在情感上疏离自己而暗中伤神，或者妻子在听丈夫发表重复的言论时需要刻意抑制打哈欠的念头，那么婚姻无疑是不幸的，但是这并不代表双方有逃离这段关系、开始新生活的想法。两个人在一起生活，不是因为互相欣赏，而是因为被现实、地位、伦理捆绑，至于个体本身在这段感情关系中是自在、快乐的还是绝望、崩溃的，根本不重要。

从某些方面来看，这固然非常残忍，但是毋庸置疑也有一些好处，或者至少对孩子来说有确定的好处。父母不会因为审美品位不一致或者很少探索新的性爱姿势而轻易离婚。一方不会因为某个晚上感受到了另一方的冷淡而冲动离婚，孩子也就不必徘徊于父母离婚后各自重组的家庭之间，不必被迫接受一群继兄弟姐妹。

五、应该为了孩子留下吗

但是如今,任何因感情出现裂痕而受到伤害的伴侣都会面临一个重大抉择:是应该为了内心的幸福而离开,还是应该为了孩子而留下?

目前,一种主流的理论尝试将浪漫主义的关注点延伸到子女的视角。根据这种理论的解释,孩子其实也非常关心父母之间关系的真实性,孩子对于伴侣之间的情感坦诚度有自己的思考,也会受到它的影响。和长辈一样,孩子也希望爱情是真实的。因此,一个通常的建议是出现问题的夫妻应该分开,从而向孩子展示以情感为中心的浪漫主义的智慧。同时,最好给孩子留出足够的生活空间,比如继兄弟姐妹之间不会由于卧室分配而发生矛盾,并让孩子知道父母现在各自找到了真正的爱情,也感到满足。

这种理论很有道理,并且在多数情况下也非常正确。但是值得考虑从不同角度出发的另一种观点,即有必要对比分析孩子真正想要的是什么。

基于这种观点,孩子在本质上非常务实,在很多方面类似于那些决定在某个有着特定管理方式的酒店度假的客人,而他们在入住的这么长时间里已经适应并且(通常)爱上酒店的服务。这些"客人"最想要的是达成自己一系列实际、可理解的目标。

- 他们希望管理带来的麻烦能够降到最少。
- 他们希望周围的成人都能愉快地相处。
- 他们希望尽可能少地改变惯例。
- 他们不想被迫和新人相处。
- 他们不想在吃早餐的时候看到一个半裸的陌生人。
- 他们不希望关于"酒店"的谣言流传开,这可能会让他们在同龄人面前抬不起头。

也就是说,他们并不特别关心其他一大堆事情。

- 他们不在乎父母的性生活频率和质量。
- 他们不在乎父母是不是灵魂伴侣。

五、应该为了孩子留下吗

- 他们不在意父母在空余时间里做什么。

就孩子的幸福而言,这种对比为父母解决留下还是离开的问题提供了一个可能的答案。这个问题可以用任何方式来回答。不管是留下还是离开,都可以与孩子关注的问题相协调,因为孩子在意的并不是父母的情感是否得到满足,而是自己的生活会受到多大程度的干扰。有些婚姻即使维持下来,也会给孩子造成可怕的影响,好比"酒店经理"之间不断爆发的争吵会让"客人"无法享受时光。有些婚姻结束了,可能严重破坏孩子原来的生活,也可能不会给孩子的世界带来混乱。决定是否维持一段感情关系很艰难,因为孩子并不真的关心父母的选择,而是只想要不受干扰的生活、愉快的氛围和良好的情绪。留下或离开都可以做到这一点,关键在于方式。

对于那些想要结束关系的人来说,可以先设想以下几点。

- 孩子可以不必在父母各自重组的家庭中穿梭，相反，父母要经常来看孩子。
- 孩子可以不用和父母的新伴侣一起出去，只用父母自己去就可以。
- 孩子可以不用知道父母在这段失败的婚姻中对彼此有多么失望，只需要知道父母之间仍然保持合理、友好的关系。

从许多方面来说，关注更真实、更有情感的关系是人类的一大进步，但它让我们对孩子的优先事项感到非常困惑。非浪漫主义的世界观给出的答案非常明确：一个人不需要为了孩子和一个不再有感情联结的人度过余生。与此同时，一个人必须确保，即使结束这段感情关系，也会尽一切努力保持孩子的实际生活基础尽可能稳定，就像一个重新分割所有权的酒店要竭力确保客人不会遭受任何不便那样。

情感旋涡带给双方的是深深的消耗，多年以后，孩子可能也会面临相似的事情，但至少现在，孩子看重的是幸福地过好当下。孩子想知道，父母没有争吵不休、大打出手，并且早餐会和平常一样准时出现在同样的地方，而自己不用勉强和一群新客人马上成为朋友。这些是父母需要优先考虑的因素，而其他所有事情说到底都只和自己有关，顺其自然就行了。或许有那么一天，长大成人的"客人"会对多年前"酒店管理层"经历的事情真正产生兴趣。

六、已经试过所有方法了吗

"你所做的一切努力,
都是为了避免将来后悔。"

感情关系和平结束的先决条件之一是，确保在彻底关上身后的门之前，已经用尽了一切办法。只有当你确信已经尝试了所有办法并且仍然没有更好的选择时，你才会开始考虑结束这段关系，进而在内心说服自己这样的决定正当合理。你所做的一切努力，都是为了避免将来后悔。

在所有费力的尝试中，最重要也最折磨人的无疑是伴侣治疗。有人甚至提出，在没有尝试长达九个月的伴侣治疗之时，任何感情关系都不应被认为注定会失败。

和许多有助于促进夫妻感情的事情一样，伴侣治疗听起来可能极不浪漫。夫妻需要到一个单调的咨询室里共同面对冗长而尴尬的谈话，那些内容可能之前完全没有想过，更不要说与训练有素的治疗师去讨论了。

文化环境教导人们，在爱情中要相信自己的感觉，听从内心的召唤。但是，在伴侣治疗中，这不成立，因为感觉常常会出错，并受到过去经历的影响。相反，伴侣治疗鼓励人们远离本能并通过自我理解、自我认知来中和本能，进而在可能的情况下引导人们少些自责、少些焦躁和多些信任。和另一个人一起生活是一个人所尝试的最困难的事情之一，伴侣治疗已经明确这一点。所以治疗师会明确表示，在没有帮助的情况下犯错很正常，并且无须对后续深入的治疗感到羞耻。

在治疗的几个月里，你会学到很多重要的东西。首先，置身于一个安静的房间里，你终于有机会静下心来思考感情问题到底出在哪里，而不是像平时那样大喊大叫、生闷气或者逃避问题。通常，你对伴侣过于生气或不满，以至无法用伴侣可能理解的方式分享自己生气或不满的原因。而治疗师作为一个陌生人，让你有点害怕，你不得不展现真实的自己，这能够帮助你将事情直白、合理地讲述出来。例如，你可能会说："你从来不主动跟我亲热，当我试图靠近你时，你又表现得很冷漠，你的冷暴力简直要慢慢杀死我了。虽然我爱你，但我不知道还能忍受多久。"说出这样的话会比争吵好几年或一直压抑愤怒要好得多。

其次，治疗师擅长从你身上梳理出困扰你的原因。通常情况下，如果你试图自己解决，你就很难挖掘出隐藏在自己言行举止背后的情感意义。例如，你为了周末去哪里而争吵，却不解释出去或待在家里对你来说意味着什么，于是对方只能感受到你的顽固和强势，而你的立场中有趣、深刻的东西就被忽略了。

最后，治疗师能够打破那些隐性、重复的"失望—报复"模式。一个经典的治疗小游戏就是让双方将以下句子补充完整。

当你……时,我会觉得……,我的回应(反击)是……

例如,"当你不管孩子时,我会觉得遭到你的拒绝,我的回应是控制你晚上和谁见面"。再如,"当你在床上不碰我时,我会觉得自己对你来说可有可无,我的回应是不想要你给的钱"。

当治疗师作为合格的斡旋者时,一个新的协议就可能达成:"如果你做到甲,那我就做到乙。"这样一来,一方就能够从对方那里得到自己真正想要的东西,双方的需求也不会那么讨厌或难以满足。

有时,伴侣治疗中提供的建议可能非常学究。说出你对伴侣不满的三件事。然后说出你深深感激伴侣的三件事。批评必须具体,不要说"你冷漠、忘恩负义"这种话,而要说"如果你迟到的时候能给我打电话,那么……"。正是这些小事的沟通才让家庭保持完整。

通过伴侣治疗,你会逐渐从乐观的角度思索人在爱情中会是什么样以及会发生什么事情:"如果我是示弱的一方，我不一定就会受到伤害"，或者"我可以尝试去解释，对方会愿意听"。你获得了安全感，能够自信地丢掉伴随你长大的一些剧本，曾经你认为试图得到对方的理解是一种徒劳，但现在你开始感受对方的痛苦。一个优秀的治疗师还会问："当你听到伴侣解释你的行为带给他的感受时，你有什么想法？"你开始学着体谅和照顾对方。你会惊讶地意识到，伴侣并不是真的要和你作对，他和你一样隐藏了自己的需求，采用了错误、糟糕的应对方式。

伴侣治疗就像一个课堂，在这里你可以学会如何去爱。一方往往会因为不知道如何去做而感到为难，然后让问题一拖再拖，直到愤怒和绝望爆发，这时除了会对另一方产生恨意，其他什么都做不了。在感情关系中，你能做到的最有希望且最浪漫的事情就是，坦白你还没有学会如何去爱，但在有帮助的情况下你渴望有一天学会。

当然，伴侣治疗不一定起作用。有可能，伴侣根本不像你希望的那样倾听，有可能你也不想听对方诉说。在咨询室的冷光灯下，你再次确定伴侣顽固不化，不值得你关心。你们的交流非但不能增进理解，反而可能会暴露出你们是多么不了解彼此。伴侣治疗不但没有挽救这段关系，反而彻底埋葬了它。

但是，这并不是拒绝伴侣治疗的理由。一次失败的课程至少向你证明了为什么你必须结束这段感情关系。伴侣治疗可能没有拯救爱情，但它做到了有同等价值的事情：让你少一点悲伤，多一点肯定——爱情已死。

七、如果孤独终老怎么办

"在抵抗孤独这件事上,
　你没有天赋。"

当你最终的评估结果是结束一段不令人满意的关系时，一个有些"丢脸"的想法可能会在内心深处困扰着你："如果结束了这段关系，最终陷入可怕的孤独怎么办呢？"

你本可以不受这种实用主义想法的困扰，因为印象中只有胆小鬼和堕落者才害怕独自过上几个周末（或几十年）。你不是没有看过那些歌颂孤独（离婚后独自搬到苏格兰荒岛上一间孤零零的小屋里，或一个人乘小艇环游世界）的书，但不得不承认的是，在抵抗孤独这件事上，你没有天赋。你曾有过空虚的日子，其间几乎失去理智。可能几年前,你也曾一个人去旅行,但体验并不好,它甚至可以说是一场心理灾难。你真的没有能力驱散独自留在悬崖上那种又害怕又绝望的孤独。

因此,你不指望淡化孤独,但可以学着削弱自己对于孤独的恐惧,从而对感情关系中的去留有一个更清晰的看法。你可以从简单的观察开始:通常情况下,周六一个人待着比周一晚上一个人待着要糟糕得多,节假日一个人待着比工作日结束时一个人待着要更难受。虽然独处的物理现实和时长一样,但其带来的感受不同。这个看似微不足道的观察结果,为你解决孤独问题提供了一些线索。

周六和周一晚上的区别在于,这两个日子里独处对你意味着什么。周一晚上,你自己的组织实体不会对你的行为做出任何评价,此时的独处既没有背离体面社会的准则,也符合忙碌的工作周开始时大家的常态。你下班回家,做菜,收快递,发邮件,买些日用品,这些都很正常,你不会觉得独处有什么让人不舒服的地方。而

七、如果孤独终老怎么办

到了第二天,当同事问你做了什么时,你也可以毫不羞愧地实话实说,毕竟那是一个忙碌的周一晚上。但是周六晚上你的心境完全不一样,你会反复查看手机是否有邀约的消息,在不耐烦和惆怅的阴霾中看电视,百无聊赖地切换着频道。当你吃着手中的金枪鱼罐头时,你的心情沮丧到了极点,你觉得自己是世界上最可怜的人。晚上八点半,你洗了一个很长时间的澡,试图用热水来麻痹自己。不一会儿,十点也过了,你准备关灯,窗外传来人们在外面玩了一晚上回来时有说有笑的声音,它听起来好像是针对你的嘲笑和怜悯。就这样过了一个周末,到了周一早上,你忙碌起来,试图把这糟糕的经历抛之脑后。

由此,你便得出结论:能否忍受独处,取决于这种状态是否正常(对于独处是否正常的判定,虽然主观、模糊,但影响很大)。当你从体面忙碌的生活中解脱出来、休息片刻时,独处就不会让人难受;但是当大家都在放松玩乐时,独处就变成了不受欢迎、可悲、令人厌恶、情感缺失的证据。

这个问题确实非常棘手，但是也有希望解决。因为它透露一个信息：如果你能够研究出独处对你的意义，理论上，你就可以在周围满是欢声笑语的漫长夏日的周六晚上，像十一月份那个最沉闷的周一一样自在舒适地生活；你就可以像小时候那样，在整个假期里一个人放松、无拘无束地待上好几天，专注地在卧室地板上摆弄玩具，而不会想到别人觉得你可悲或可耻。你需要的可能根本不是一个新的伴侣（在害怕孤独时很难寻觅到知己），而是一种新的心态（从现在开始，你可以照顾好自己）。

要想给自己构建一个新的心理模式，以明确独处对你来说到底意味着什么，你可以先按照以下几点来预演一遍。

1.
你自愿选择独处

不管你脑海里那个不友好的声音怎么说,你都要相信自己能够选择独处。假设你是能够主宰自己想法的人,那么只要你愿意,你可以和任何人在一起。你是自愿而不是被动选择独处的。只要一个人不介意交结的人是什么样的,他就不需要独处。

但你确实介意,宁缺毋滥就是一个很好的理由。对你来说,勉强和你不喜欢的人在一起比独处更孤独。这种陪伴让你离自己真正重视的东西越来越远,它的不真诚和虚伪让你更不自在,也更容易联想到隔阂和误解。

独处并不能证明你被整个世界拒之门外，相反，它恰恰证明你能够明智地审视现有的选择，并拒绝违背本心的那部分自己。

2.
警惕伴侣关系的外在表现

从表象上来看，似乎周围的人都过得很开心。在最黑暗的时刻，你往往会误认为聚会这种快乐的社交活动把你阻挡在外，这种想象使你走不出孤独的怪圈。你路过餐厅，看到里面一群群人靠在椅子上放声大笑；你看到一对对情侣手牵着手；你看到一个个家庭收拾着行李，准备出国度假。你忍不住去想，要是自己不独自待着该有多快乐。

但是你要明白，现实是复杂的。餐厅里欢笑的朋友也可能有疏离感，情侣之间也可能争吵，洒满阳光的岛上酒店也会有不愉快的氛围出现。你在想象亲密无间的交流、深刻的心意相通和最巧妙的善良，你确信每个人都拥有你所理解的真爱。但事实并非如此。多数情况下，人们聚在一起，但会感到孤独；人们会交流，但基本上不会被真正地倾听。

孤独和悲伤并非某个人独有，而是人类必须经历的基本情感。无论群居还是独处，两种基本情感会伴随着每一个人。你只是选择暂时承受独自生活的痛苦，即使有伴侣，也不可能保证自己永远逃离空虚。悲观主义如大海的波涛一般涌动着，充满着黑暗、未知与嘲讽的意味。你要小心翼翼地将个人的伤感放入其中，当伤感被悲观主义的海浪吞噬时，你也会得到救赎。没有人能够做到享受这段孤独的旅程，生来就是这样。当你再次经过餐厅，看着里面开怀大笑的人们时，你不必羡慕，而是要记住，对于多数人来说，面临生活中的痛苦才是常态。

3.
你统计有误

更糟糕的是,你还是最不合格的"统计学家",因而更无法摆脱孤独。你应该在厨房的墙上贴一张便利贴,时刻提醒自己这一点。你总是说每个人都过得很幸福,每个人都有伴侣,但你需要从统计的角度正确地评估正在发生的事情。

你评判独处是否正常,是基于对自己的厌恶程度而不是数学。如果你真的研究了这个问题,真的长出翅膀,飞到高处,去观察这个城市,从这间卧室看到那间办公室,去审视公园里的家庭或是正在约会的情侣,你就会发现和预想完全不同的东西。你会看到许多人的情况和自己差不多，甚至更糟。有的人因为一封信而痛哭流涕，有的人歇斯底里地喊着自己受够了，有的人抱怨自己总是不被理解，有的人吵架之后在洗手间里偷偷抹泪。你已经很悲伤，这就足够令人惋惜。你不需要再臆想那些不存在的统计数据来给自己施压，否则只会觉得自己的情况不正常，从而更加痛苦。

4.
你所做的事情并不可耻

你总是觉得独处很狼狈，缺乏尊严。你需要重塑独行者在你心中的形象。那些独处的人并不总是如同噩梦中的蜘蛛网一般可悲可怕。自古以来，许多伟大的人物都耐得住寂寞、善于和自己相处。出于自怜自爱，你需要认识到被迫孤独和自愿孤独之间的区别。一位世界知名科学家曾花二十年时间，独自写成了一本改变世界的巨著。一位美貌无双的可人正独自在房间里演奏着钢琴，这比前任陪伴让她获得更多的内心平静。一位曾以雄才大略治理国家的政治家，现在更喜欢通过书籍与智者对话。那些茕茕孑立的人未必都陷入绝境，相反，觉得自己有幸拥有独处的机会。

5.
了解自己的过去

独处时产生的羞耻感通常来自你的童年，更具体地说，来自"你曾经认为自己不讨人喜欢"这种负面看法。在过去的某时某地，有人让你觉得自己不配。现在每当你遭遇逆境时，这段经历就会在脑海中浮现，仿佛在跟你确认心里那个卑微的想法："我的存在没有意义。"从本质上来说，你不是害怕孤独，而是不喜欢自己。解决这一问题的办法，是给予自己极大的同情和心理治疗式的理解，而不是和一个自己不再关心或尊重的人相伴。

只要你可以多爱自己一点，你就不会再害怕社交和

七、如果孤独终老怎么办

友谊，你就会知道别人并没有嘲笑你，你也没有被哪个欢乐的聚会拒之门外。你会感激自己既能清醒独立、承受孤独，也能与志同道合的人一起前行。你可以战胜对孤独的恐惧，最终是留下还是离开，你也可以理智、无畏、自由地做出正确的选择。

八、你会不会重蹈覆辙

"如果我也有责任呢?"

当你考虑结束一段感情关系时,你往往会突然被一种陌生、令人不安的想法打断:"如果我也有责任呢?"当然,主要问题肯定是出在对方身上,这样想是让你坦然的唯一方法,你才能继续入睡。但是,出于本能的良心,你忍不住开始怀疑:"把责任划分得这么清楚对吗?有没有可能我也有做错的地方,才导致感情走到这一步呢?如果其实是我的心理状况出了问题呢?万一我这次草率地结束,付出了代价但又没有认清自己,几个月或几年后遇到了新的伴侣,有了新的感情,我又因为同样的问题而面临分手的情况怎么办呢?"

这些担忧并非无中生有，而是你在决定是否结束一段关系时应当好好思考的问题。事实上，只有你审慎地思考过自己在这段感情关系中做得好和做得不好的地方，你才能真正毫发无损地从中抽离出来。

感情的失败不在于出现问题，而在于问题已然发生，你却还没从中学到东西。在美好的未来，感情关系的结束应该在实际操作层面尽可能地简化。离婚不应该像现在这样有各种成本和拖延的情况，离婚只应该有一个条件，那就是双方都对婚姻走到尽头的原因有深刻的理解。双方应该有一场"退出关系"的考试，原因很简单也很人道：不久之后，两个人都可能各自再次投身于新的感情，只有明白为什么在这段感情中辜负了彼此，才不会在下一段关系中犯错，这是一种保护公众的方式。如果双方对自己失败的婚姻毫不反思就流入"单身市场"，那会带来巨大的风险。因此，这样一场"退出关系"的考试，是维护社会秩序和安定的一种基本措施。

八、你会不会重蹈覆辙

一个关于感情关系的基本事实是，成年后的恋爱方式有历史渊源。你选择的爱人、你和他相处的方式以及你对他的理解，其实都映射了早期照顾者对你的期望。当下的感情关系并不是孤立的一段关系，只有把它与你在生命之初的情感环境联系起来，你才能真正看清它。长大成人后，你与其说是找到了爱情，不如说是开始了探索爱情的旅程，并以不同程度的自我意识，努力重塑你最初在父母身边经历的相处模式和情感环境。

如果你成年后在爱情中屡屡碰壁，那可能是因为你在童年时期感受到的爱通常并不纯粹。虽然你曾经也许获得了爱与善意，但这些可能伴随着令人不安和痛苦的情绪。例如，在父母面前，你可能会觉得自己永远都做得不够好；你需要隐瞒一些真相，以讨父母的欢心；你害怕被抛弃，不敢随意宣泄情绪。当你在爱情中被对方吸引时，原因往往不是他对你有多好，而是他给你的感觉就像自己熟悉的亲人一样。和对方在一起时，你能够感受到爱和温柔，但有时也感觉失望、被排斥或被忽视。这种感觉可能不符合你对情侣关系的想象，但是让你自在。你甚至会拒绝更好的人，这不是因为你没有认识到他的优点，而是因为（尽管你不愿意承认）他太好以至不会让你受到一点委屈，你反而感受不到真正的爱情。

更可悲的是，不仅你会和"不好"的人在一起，而且有时明明伴侣很好，你也会假想他不好。如果你被不愉快的过往影响，可能永远都会觉得，伴侣会像父母对待儿时的自己那样既爱你又让你失望。尽管这是你的假想，但是你常常会把和伴侣的相处当成再次面对那个曾经羞辱你的母亲或忽视你的严厉父亲。因此你在和伴侣相处的过程中，总是带有一种本能的防御和不信任，且不给对方任何理由，最终对方的耐心也消耗殆尽了。

一张"退出关系"的有效考卷能够帮助你梳理所有这些问题，以下是面临分手的人需要思考的一些关键问题。

八、你会不会重蹈覆辙

1. 在你与父母（符合你性取向的那一方）相处的过程中，有没有令你失望或痛苦的经历？
2. 你是否在成年后的感情关系中遇到上述类似的情况？你注意到了吗？
3. 换个角度反思一下，你是不是太渴望摆脱童年的阴影，导致你看不到自己身上那些优秀的品质，而这些品质在你父母眼中也不讨人喜欢？你是否也陷入苦恼，不明白自己为什么总是喜欢上一些不够聪明、没有时间概念、事业无成、脾气不好（以上仅为举例）的人？是不是因为这些缺点使你回忆起痛苦的童年经历呢？
4. 你是否担心过伴侣会令你失望或做什么伤害你的事？由于这种担心，你是否尝试过防备他，但伤害依然发生了？你的这种担心对伴侣来说公平吗？
5. 从童年经历中，你学到了哪些关于人际沟通的知识？你是否善于表达自己受伤、不幸或情感脆弱的部分？

6. 补全以下句子：（1）当我受到伤害时，我倾向于_____；（2）我觉得与其保持冷静，平和地解释哪里出现了问题，还不如_____；（3）我会就_____得出结论。

7. 就目前而言，你意识到自己对伴侣的选择受到了过往经历的影响。如果今后整理好情绪再去认识新人，为了省去不必要的约会，你是否清楚有哪些信号提示这个人并不适合你，和他在一起只会重蹈覆辙，最终也会不得不分开？你现在是否知道什么情况是伴侣将变成前任的最初警告信号？你是否明白在下一段感情中自己要注意什么，逃离什么？

8. 也许你无法轻易改变自己的个性，但你可以改变自己的应对方式。目前，你经常根据童年早期的经历做出反应，在与人相处时表现得很不成熟。例如，你可能会生闷气，可能会唠叨个不停，可能会防备心重重，可能会暴躁易怒。但是你应该学着以更成熟的方式（例如，解释、不过度自责、避免暴怒）来应对问题，这样你的感情关系或许会往好的方向发展。当再次在感情关系中遇到问题时，你将如何以更成熟的方式应对呢？

9. 如果下次你能选择不同类型的伴侣，你会选择什么样的？你是否确定在表面差异下，这个人不会和前任出现一样的问题？

10. 可能你很早就发现了这段感情关系中存在的问题，但是你花了很长时间才下定决心离开，这是为什么呢？是否过去的某些经历导致你很难放弃一段关系？为了让自己下一次变得更果断、更有主见，你会跟自己说什么？

一段感情关系可能结束了，这个残酷的现实固然暗含着某种失败，但是从长远来看，只要你从这一地鸡毛中汲取新的认知，那就不是两败俱伤的结局。为了弥补自己在这段不愉快的爱情故事中遭受的伤害，你至少要学到一两件事情，从而以更好的姿态进入下一段感情。

九、你能应付分开后的生活吗

"你害怕独自面对以后的生活。"

当涉及感情关系时，社会上的主流观念是双方共同分担生活中的责任。双方都需要努力赚钱养家，积极承担家务。无论是家务还是工作，都不应该只是一个人的事。

然而，实际情况往往和这种公开宣称的理念有着巨大出入。在很多婚姻中，可能只有一个人主要负责赚钱养家，而另一个人则主要负责诸如熨烫衣服、预约牙医之类的琐碎家务。

这种情况与社会政治环境无关，而是意味着婚姻中的亲密感和联结出现了严重的裂痕。从这个层面来看，正是这种责任分担不均的问题，导致你觉得自己在感情中仿佛被禁锢了。尽管这听起来有点丢脸，但你不得不承认自己真的很难结束这段关系。你不是不了解自己的心意，也不对沟通还抱有希望，而是在家中长期只担任一个角色，害怕独自面对以后的生活。你不知道怎么缴税，不知道怎么找水管工，不知道怎么给汽车加挡风玻璃雨刷液。甚至你可能只是因为不想洗衣服，而宁愿暂时不离婚。

尽管这种依赖性导致的问题往往仅出现在一方身上，但实际上夫妻双方对此都有责任。并且通常情况下，一个人的过往经历可以给出大部分解释。

在成长早期，所有孩子需要两种层面的爱：物质层面的爱和精神层面的爱。父母需要给孩子换衣服、系鞋带、梳头发、做可口的饭菜、辅导作业，同时要经常拥抱孩子、倾听孩子、陪孩子玩、珍爱孩子。

遗憾的是，很难在物质层面的爱和精神层面的爱之间找到恰当的平衡。有时，父母会觉得在物质方面满足

九、你能应付分开后的生活吗

孩子很容易,而满足孩子的情感需求相对困难。父母当然很爱自己的孩子,却很少能够通过情感交流自由地表达爱意。父母也许会限制自己的角色,只要确保孩子上学有新鞋穿或是永远不会出现龋齿就行。有的父母甚至还会觉得,孩子在某些方面的弱点或无知能增强父母的价值感。在这种家庭环境下长大的孩子,会无意识地更依赖别人的帮助和关心。这类人如果无法确定爱人在自己的生活中扮演的角色,就会变得束手无策,因为他们从小到大在家里就很少有独立生活的机会。例如,他们把课本随意乱丢,父母总会帮他们整理好;他们喜欢吃父母做的菜,但自己连煎鸡蛋都不会;他们还体弱多病,需要有人端茶送水、嘱咐按时吃药。这种情况下他们形成的心理状态是,如果没有父母的帮助,他们就会害怕靠自己生活。在某种意义上,相互依赖的模式对双方来说成立,但是它的代价也很高昂。

这种模式带来的威胁在于,依赖的心理在他们成年后的恋爱中依然会重复出现。伴侣可能也注重物质或实际层面的爱，不擅长直白地表达情感。伴侣可能会主动给你买衣服，积极承担家务，打理家里的财产，或是承包你的一日三餐。同时，伴侣也很希望你能接受他的照顾，因为他觉得物质上的给予是一种爱的表现。在长久相处的过程中，一方的付出无形中助长了另一方的依赖性，导致另一方在生活的某些领域中能力欠缺，以至渐渐地可能都不相信自己还会做家务或是有能力出去工作。

这种相处模式下，双方都没有机会去经历感情关系中的考验。对于给予者来说，这个考验是相信自己不需要通过付出来得到爱，自己值得被爱，不是因为帮对方整理衣柜或是主动买单，而是因为自己的个性和灵魂完整且自由，这本身就值得被尊重、被欣赏。对于无助的依赖者来说，这个考验是相信自己可以享受爱情——不基于实际的照顾，而基于平等的情感和亲密需求的满足。

想要摆脱这种陷入僵局的感情关系，并从"给

九、你能应付分开后的生活吗

予—依赖"的潜在循环中走出来，你需要厘清并重新认知物质层面的爱和精神层面的爱。你需要勇敢地阻止自己在物质上过度付出，允许自己去感受心理和情感互动的变幻莫测，展示真实的自己，体会恋爱的乐趣。你不应再幼稚地指望对方的照顾，你完全有能力处理琐事，诸如倒垃圾、预约牙医等。

你可能最终会结束这段感情关系，也可能你想试着继续维系它。但在做决定之前，你应调整好自己的角色，不要再做一个依赖对方的弱者或是照顾对方的强者。只有当你真正实现了自我独立，有能力靠自己挣钱或是照顾好自己的生活（可以从小事做起，例如学着清洗烤箱）时，你才能进入一段真正平等的感情关系。你们不再互相依赖，而是各自独立但彼此需要，允许自己有需要的时刻，也允许自己有脆弱的时候。

十、究竟是谁甩了谁

"不是每个主动离开的人都带有恨意。"

当一段感情关系走到尽头时，我们以为可以很轻易地看出是谁不想继续了，是谁还留恋。我们想当然地觉得，那个说自己想离开的人，那个明确要求分手的人，那个连新公寓都找好的人，那个已经开始寻找新伴侣的人，无疑是主动结束这段关系的一方；而那个还想继续在一起的人，主张再试一试的人，大声说不想分手的人，则是在感情中保持忠诚的一方。

但是这种理解太天真了，并且不经意地带点残酷的性质。事实上，离开的一方不一定就是狠心甩掉对方的人，表面看上去一直在挽留的一方不一定就是被甩的那个人。不是每个主动离开的人都带有恨意，也不是每个想要留下的人就爱得更多。真正结束这段关系的一方是不再有感情的那个人，而真正想继续这段关系的一方是相信与伴侣有亲密感的那个人，即使他最后因为信任崩塌而选择离开，他也是在这段感情中爱得更多的一方。

在离开和留下的差异背后，隐藏着一个更重要的东西，那就是爱与冷漠之间的区别。我们往往会认为，离开的一方冷漠无情，而留下的一方还有爱。但有时，他可能会刻意以一种微妙的冷漠疏离你，或是暗中与你较劲，其实很想继续这段关系。只是他试图挽回这段关系的方式，很难让你了解他的心意。因为他平时的行为就表现得好像没有爱一样，他似乎在故意疏远你，很少有亲密的举动，也几乎不主动和你发生肢体接触。

这种模棱两可的态度只会让你更加困惑，甚至逼疯你。一方面他说不想分手，另一方面他又做出想要分手的行为。当你问他为什么现在亲热太晚，为什么在你需要的时候没有握住你的手时，他总有各种理由。如果你

十、究竟是谁甩了谁

抱怨这些，他会愤怒和否认，然后承诺下一次不会这样。你不仅不被重视，还会被指责是问题所在，这让你觉得自己的正常诉求在他眼里就像无理取闹，从而陷入一种非常难受的境地。

最终，在饱受对方这种言行不一的折磨后，你会渐渐失去耐心，不得不选择结束这段关系。但是，你并非真的想离开，这只是被动的选择。伴侣在感情中一次又一次让你失望，你也许还有爱，但你付出的爱已经得不到你想要的回应了。

如果你不仅要忍受失恋的痛苦，还要面对冷漠的伴侣那虚伪的说辞，背负"自己是不忠诚的一方，是自己结束了这段关系"的罪恶感，这对你无疑非常残忍。如果你要摆脱这种罪恶感，那么你就应该牢记自己为什么放下这段感情。你不要想"我恨你，所以我要分手"，而要想"我真的爱过你，我做了那么多努力，我多么希望我们还能走下去，可是只有我单方面的付出……"。

这样想虽然不会减轻痛苦，但可以让你释放所有的感情，并且不会再自责。因此，当你选择放下一段感情时，你同样值得同情和惋惜，因为可能你才是感情中受伤的一方，你经历了太多的失望，只能身心疲惫地离开。

十一、为什么你觉得自己被这段感情困住了

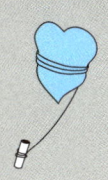

"一段感情关系的意义不在于忍耐和受苦。"

这里要讨论的是那些一直觉得自己被感情困住的人。有时候你可能非常想留住这段感情，偶尔你又想结束这段关系，你面对这样的两难境地无法做出决定。并且这两种心情会交替出现，你时而设法说服自己这没什么大不了，可以忍受；时而又惊觉如果继续下去，自己的生活会彻底毁了。你在强烈的羞耻和无根据的恐惧中挣扎，面对感情去留的难题，表现得不堪一击。你甚至幻想会不会突然出现一个人或是发生重大变故，就能神奇地帮你解决问题，如父母、政府行为、战争、疾病、法令等。你就像孤注一掷又脆弱的孩子一样，抱着一丝希望祈求事情会自动出现转机。

但是，你最终需要努力成为一个成熟的人（一个可以通过自己的力量改变处境的人）。因此，你可以学着去坚定自己的内心，从困境中走出来。

你需要意识到，不是自己蛮横、善变或不幸才导致现在的处境，而有可能是童年经历导致你在面对感情问题时摇摆不定。虽然这乍一听可能有些奇怪，但两者之间其实存在着明显的联系。任何人都可能遇到悲哀的感情关系，但是有一类特殊的人会深陷在感情的泥潭中无法自拔。他们没有勇气主动展开沟通以及尝试推动关系发展，多年来，他们可能都羞于表达自己的需求，不会主动去追求自己想要的东西，甚至在潜意识里不认为自己有权去追求幸福。

这一类人可能从小时候起就不够自信，他们总是默默无闻，不管出现什么短期问题，都觉得自己无权去告诉别人自己想要什么，也无权坚持自己的想法。在感情关系中被困住的这类人，从小就是大人眼中的乖孩子，但往往也是不被偏爱的孩子。因为害怕惹父母生气,他们学会了处处小心翼翼,他们会很敏感,容易过度焦虑,怕伤害别人。他们很早就学会了听话和顺从,他们会担心、照顾旁人的情绪,学着去融入周围人的圈子,并永远保持微笑。而几十年后的今天,当面对感情问题时,他们依然难以抽离,从某种夸张的意义上来说,他们宁可"死"也不愿意小题大做。

不管他们有多想这样死去,他们内心深处仍有一个小小的声音不会允许。这个声音拒绝默默承受,抗拒这种窒息感。内心这个积极的声音在说,如果得不到想要的爱,就不要继续消耗下去。这个声音就像一颗发芽的种子,尝试用自己最大的力量去推开千斤重的水泥板,努力向着阳光生长。

他们不断质疑愿望的正当性。他们反复问自己,他们想要的东西对别人是否公平,他们是否应该去追求目前缺失的东西,例如更多的爱、更多的智力激励、更多的友情、更多的性生活、更多的敬畏、更多的欢笑等。

他们不知道是否应该去争取这些自己真正想要的东西。他们希望有人能告诉他们这么做不对，这样他们就不会再为此烦心了。但现实是，这些问题永远不可能有客观的衡量标准。他们想要的东西不会因为脑海中的这些"争论"而消失，他们的欲望一直都在，最多只是被抑制而已。因此，解开这一难题的办法不是自责或压抑自己的欲望，而是学着面对、欣赏以及巧妙地保护内心的复杂性。

容易被感情关系困住的人害怕给别人造成麻烦，这种恐惧已经达到了可怕的程度，他们可能连向陌生人询问洗手间的位置都要犹豫好久才能下定决心。难怪他们担心自己提出想法后，伴侣会有什么反应，朋友会怎么说，家人会怎么处理。他们最后想到的总是自己会给别人带来多少麻烦或伤害。但残酷又令人释怀的事实是，别人或许根本不在意这个问题。即使对方因为被甩而受到伤害，这种伤心也是短暂的。对方可能很快就会走出来，并体会到自由的好处。井然有序的生活只有建立在双方健康良好的感情基础之上，才能变得美好而幸福。与其在一个空有外壳、名不副实的家里生活，还不如离开这个地方，那样才会更幸福。

综上，摆脱当下处境的方法是学着更加重视自己。这听起来有些奇怪，我们必须接受的一点是，一段感情关系的意义不在于忍耐和受苦。我们需要追求属于自己的幸福，而这可能会造成一些伤害，但这种伤害远比我们想象的要少。可以说，即使我们真的默默忍受了一辈子，也不会有人在我们临终前祝贺我们。我们不是生来就需要忍受痛苦，而是逐渐变得能适应苦难，一些熟悉的情景让我们不敢表达自己的真实想法。我们需要做的就是，勇敢地向未知迈出一步，告诉世界我们真正想要的是什么。

十二、为什么你看不透对方

"你的精神状态是否健康,
取决于一段感情关系是否健康。"

分手几乎总是不容易，但在不同情况下其复杂程度不同。有一小部分人会让对方做出分手这个决定的过程极其痛苦，这类人可以称为世界上最难分手的人。

和这类人的感情关系通常是这样开始的：你被他深深地吸引。可能他的身材长相或是人格魅力非常吸引你，你非常崇拜他，同时，有些小事也让你对他产生了一些同情和怜爱。他的某些过往可能真正地触动了你，你完全没想过分手，事实上，你希望一直陪伴他走下去。

他似乎也很喜欢你，并且他多次表达这一点。他说自己永远不会离开你，承诺会永远在你身边。

但有一个如此严重却又如此隐蔽、如此有破坏性却又如此难以掌控的问题浮现出来，你不得不忍着震惊慢慢去面对。你意识到，那个说爱你并且你也爱的人正在严重损害你的心理健康。

那个口口声声说爱你的伴侣都对你做了什么呢？一方给另一方造成的伤害有很多种形式，就像一个展开的光谱，颜色较深的一段可能标志家庭暴力，而颜色较浅的一段则代表阴险的伤害方式。他可能根本不用动手，甚至不需要动一根手指就能给你带来巨大伤害，例如出轨、赌钱或是沉迷于他自己所谓的爱好。很难理解他究竟为什么会变成这样，他可能越来越频繁地在家庭生活中"缺席"，不再对你表现出热情和关心，不主动和你发生肢体接触，拥抱都成了奢望。他在你的世界里好像存在，又好像不是真的存在。

很可能当这些问题刚露出一点苗头时，你就向他抱怨过，只不过你可能只是善意地提醒他，或是用讽刺无

十二、为什么你看不透对方

奈的语气从侧面暗示他,但是你没有正面跟他严肃地谈过这些问题。毕竟你还爱他,并且你从小就被教育要做一个不惹麻烦的乖孩子,因此你可能需要几年甚至几十年的时间才有勇气向一个成人提出自己的反对意见。你琢磨当自己最终要求对方正视给你造成的伤害时,会发生什么。可能出现的情况有两种,一种是他承认自己对你造成的伤害,另一种是他否认这一切。不管哪种情况发生,可能你都难以应付,尤其是后一种情况。

1.
对方承认对你的伤害

受够了这一切,你的愤怒情绪终于爆发。你告诉对方,你不会再忍受他的暴力、婚外情、烟瘾,不想再看到家里有大笔不必要的支出,不想再忍受故意的疏离,不想再过缺乏性生活和毫无亲密可言的生活。你向对方发出最后通牒,如果再看不到任何改变,你就要离开他(哪怕这是你最不希望发生的事情,毕竟你还是爱着他,不想就此结束)。

在情绪爆发以后,你可能会颤抖,脸也涨得通红。你觉得自己似乎说了很重的话,你为自己用离婚作为威胁手段而感到有些不安。你设想对方可能有各种激烈的反应，但没想到他看上去很平静，他也承认自己的错误。随后，他可能会说："亲爱的，你是对的，很抱歉我现在才意识到自己的问题，谢谢你让我看清了自己的错误。我知道了，对不起，我伤害了你。"

接着，他可能承诺自己会做出改变，只是需要你给他一点时间和理解。他甚至主动提议去看心理咨询师，大约一个月去一次，直到解决自己的问题。他的坦诚让你再次心软，你可能相信他真的会改变，殊不知，你对伴侣的信任已经达到了"不顾一切"的程度。不管他怎么表演，你都是他最忠实的观众，你总是会无条件地相信他说的话。

但是问题在于，即使对方信誓旦旦地在你面前做出承诺，他也并不会有什么改变。他可能最多在短期内表现得不错，让你不会提离婚的事，但是他在本质上不会有任何改变，你也根本不会得到你想要的那种自由。

而就在你得到他的承诺和你意识到他根本没有能力（或是没有意愿）做出改变的时间间隔里，你们的孩子可能都出生了（对方可能想用孩子把你留在身边，而你也以为，有了孩子之后他就真的会浪子回头，你们的未来就会像他承诺的那样幸福）。这样一拖再拖，假大空的承诺越积越多，留给你的选择越来越少，你也不再年轻了，你需要面对的是更大的难题。

2.
对方否认这一切

尽管第一种情况听起来让人毛骨悚然,但还有比它更糟糕的情况。前期你遇到的可能也是类似的问题,只是当你质问对方的时候,得到的是截然不同的反应。他仿佛完全没有意识到自己的问题,矢口否认,甚至指责这一切都是你捏造、臆想出来的。他还暴跳如雷,好像你说的一切都是对他的一种冒犯。他会反过来质问你:"你非得怀疑我这、怀疑我那吗?你就这么不信任我吗?你别无理取闹了,你就不能对我们有点信心吗?"他还进一步反驳:"我看你现在有点神经质了,我哪有什么问题,好好想想你自己吧。"

面对他一连串的反驳，你可能也会一时愣住。这是个雷区，因为你们不是生活在电影里，你们的相处过程不会被摄像头记录下来，所以当你突然遭到对方的质疑时，你也很难找到证据来支持自己的主张，你甚至都不确定自己的判断是否正确。你会陷入自我怀疑："究竟是伴侣经常花钱大手大脚，还是我对他太唠叨了？他是真的在和别人暧昧不清还是我的嫉妒心过强？是他没有主动亲热的欲望还是我自己缺乏安全感？"

眼前的这个人是你深爱的人，并且他也说爱你，不想分开。可现在他威严地质问你，说你想得太多、要求太多，指责你像疯子一样无理取闹，说这一切都是你的幻想。这让你更难做出分手的决定了。

可能你思想开放、善良聪慧，但恰恰有这些美好品质的人往往不会把别人想得太坏。你通常会假定别人无罪，因为你知道人无完人，你对自己的缺点有着清晰的认知，不觉得自己在各个方面都能做到完美。因此，也许你误读了一些东西，你会想："那我又何必固执己见呢，尤其是当我爱伴侣并想和他在一起的时候？"你崇拜的这个人说你在无理取闹、胡思乱想，这固然让你感到失望，但也许你会觉得值得放下自己一时的冲动和情感需求来维持这段感情关系，因为这样你还能和你爱的人在一起。

时间就在这种纠缠中一点一点地流逝，而你还留在原地，停滞不前。可能你们有了一个甚至多个孩子，你有了更多的牵绊，留给你的生活选择也越来越少。同时，你的人生观可能也被破坏了，由于长期生活在精神控制的阴影下，你开始觉得问题出在自己身上，最后真的变成一个精神崩溃的疯子，而这种情况下，你更不可能有机会选择离开了。

总之，上述两种情况的结局都不容乐观，且最终你可能都必须结束这段关系。从长远来看，你的精神状态是否健康，取决于一段感情关系是否健康。你爱对方，而对方也说爱你，并且要么虚伪地承诺自己会为你改变，要么把矛头指向你，否认自己需要改变。要离开这样一个人，并非易事。

为了结束这段糟糕的感情关系，你要告诉自己："我爱上的人已经不再是以前那个人了，他根本不会改变，甚至把我当作他不改变的理由。他拒绝承认自己的问题，滥用我的信任，让我产生自我怀疑，从不反思自己的问题。"你可能还需要回想一下，是不是你的某些过往经历导致自己对这种情况一忍再忍。

登山者知道有些山峰注定无法独自攀登，你需要和一个能作为坚强后盾的伙伴一起攀登险峰。因此，当你在感情关系中遇到无法决断的问题时，你可以向心理咨询师或好朋友寻求支持。他们会让你相信自己的理智，帮你树立信心，在你心灰意冷并觉得自己做出了世界上最糟糕的决定时陪在你身边。尽管此刻，你可能会对这个决定感到后悔，甚至讨厌自己，觉得自己每一步都走错了，但可能你做出了能够改变人生的最有利的决定之一。

十三、什么建议可以让你不那么害怕分开

"两害相权取其轻。"

为了方便讨论这个问题,现在假设你想要结束一段感情关系,只是你还有些害怕分开。那么,你希望听到什么建议来减轻恐惧呢?以下是一些可能对你有帮助的话。

1. 你可能还没意识到,在这段貌合神离的感情关系中,你已经很孤独了。分开后形式上的独处,仅仅意味着你长期以来的孤独具体化了。事实上,独处将是帮助你结束孤独和痛苦的第一步。

2. 直到你忍受一段独处时光,你当下在感情关系中体会的孤独才会消失。你其实心知肚明(但是害怕去想），结束这段形同虚设的关系，学着独处，是两害相权取其轻。比起在感情中付出却得不到理解的那种孤独，一个人吃饭的尴尬根本不算什么，一个顽固不化的伴侣比一把空椅子给你带来的伤害更大。

3. 你已经耗费大量精力去坚持自己以为的普遍真理，说服自己不要有太多期望，而事实上你的期望都是合理、正当的。你相信"没有完美的爱人，没有不会结束的蜜月期"，这种想法虽然暂时能够让你感到安心，但你实际上只是自欺欺人罢了。如果把"爱人"比作"电影"或"度假胜地"，那么坚持认为没有完美的爱人，就像认为不存在完美的电影或度假胜地一样。可能客观来说这确实正确，但这并不是我们拒绝换台的理由，也不是否认在米尔顿凯恩斯和科莫湖度假有区别的理由。固然，世界上不存在完美的爱人，但是对你来说，可以有"更好"

和"更差"之分。这同样是真理，只是你还没有想通而已。

4. 貌合神离的感情关系比大方、坚定地公开承认自己单身更糟糕，就好像内心千疮百孔却还要保持微笑比放肆大哭更痛苦。

5. 真正让你在感情中犹豫不决的是，你对自己不够信任。你不够自信，总是从自己身上找问题，觉得自己不值得拥有更好的东西（正如前文所述，可能是受到童年经历的影响，你在感情关系中会比较卑微）。你无法割舍一段感情关系，就是不够爱自己的表现。如果你更加相信自己内心的想法，坚定地站在自己这一边，多为自己考虑，你的内心就会更明了，你值得也有权去追求自己想要的东西。

6. 请补全以下句子："如果现在困扰我的问题（例如，要不要向对方摊牌的纠结、找新住处的困难、把分手的消息告诉共同朋友的尴尬等）都像被施了魔法一样消失，我最希望接下来可以_____。"如果不重视这些问题，你就会浪费更多时间去和某些你根本不在乎的熟人闲聊，疲于奔波在各种房产中介之间。时间是你最宝贵的财富。即使你真的一忍再忍，把自己的大好青春耗费在感情关系的拉锯战中，到了生命的最后，也不会有人给你这种"吃苦"精神颁奖。

7. 一段糟糕的感情关系带来的痛苦往往会让人难以忍受，相比之下，独处的痛苦则没有那么折磨人。争吵、不理解、背叛、冷漠给你带来的伤害，远比独处要多。唯一让你恐惧的是，和一个你曾经崇拜、挚爱的人不再有亲密关系，二人在婚姻的躯壳里过着形同虚设的生活。

8. 你会给自己心理暗示，觉得分开后自己又会回归之前的那种孤独。但事实并非如此，这段感情经历会让你对单身状态的理解产生巨大的改观，你在没有恋爱时的独处和你脱离感情关系后的独处，带来的感觉完全不同。不知不觉中，你已经学会了共情、感恩，以及享受孤独。

9. 只有克服对孤独的恐惧，你最终才能遇见自己想要的爱情。觉得自己别无选择的人往往会做出糟糕的选择，要相信自己身后的天地还很广阔。

10. 合适的感情关系当然也不是没有任何问题，但是对的人不会让你在这段关系中绝望、愤怒甚至崩溃到控制不了自己。当处于一段合适的感情关系中，你绝对不会考虑"要不要分手"的问题，可能你也会有难过的时候，但你知道自己不想分开。可以说，如果你足够幸运，感情关系也很顺利，那么你就永远不会看这本书了。

十四、分手一定意味着感情的失败吗

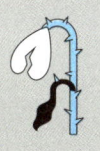

"这不是爱的消失,而是爱的正果。"

在我们的社会中,一段感情关系结束通常是个有些严肃、沉重的话题。我们一般觉得,分手就像一场小悲剧,而宣布分手就像"举办葬礼",亲朋好友会表达"哀悼"之情。

这种现象反映了一种潜在的爱情理念:爱情故事的圆满结局应该是两个人相爱一生,直到死亡把他们分开。而这种观念的言外之意则是,分手就代表一方或双方失败。

但是,有时也有另一种情况:分手并不一定就代表着一段感情的失败。他们明白,他们分开不是因为感情变淡了，而是因为他们都变得更好了，有了更好的追求。从结果来看，这段感情结束了；但从过程来看，这段感情是成功的。当他们分开时，他们没有受伤、痛苦、遗憾和内疚的感觉，而是感激彼此并希望成就更好的未来。

这种情况与人们对分手的固有观念并不一致，但是确实存在。这与两个人在相处时扪心自问的一个关键问题有着紧密联系，即这段感情关系是为了什么？这个问题听起来有些消极，我们也会想象用一种不抱幻想的无奈语气提出它。但是，我们可以并且应该用一种积极的方式和热切的口吻来问自己这个问题，探寻关于爱情内核的最佳答案。

我们一般会把爱想象成一种"所有权"，双方满怀爱慕之情，同意"购买"对方，就像购买一件静态、迷人的物品一样。但是，还有另一种更动态、更自由的方式来诠释爱，即相爱的过程是一种形式特别的"学习"。两个人相识、相恋，是一种互相学习、共同努力的过程。你会被对方吸引,是因为你想从他身上学到东西,反之亦然。你爱他是因为在他身上看到了你渴望但缺乏的东西,希望在爱的呵护下成为更好的自己。

例如,在恋爱初期,你会发现伴侣既自信强大又温柔细腻,因而被吸引,而在遇到他之前,你一直以为没有人能做到这样。或者,他总是很开朗,毫不避讳地拿自己开玩笑,你却是一个有点孤僻和严肃的人,你很羡慕对方这种性格。又或者,他有一种让人开心和感动的能力,而你缺乏这种能力。可以说,在这些情况下,拥有这段感情关系的目的就在于学会自信和温柔,或者与自己的愚蠢和解,又或者变得机灵,等等。你能从这段关系中学到什么,取决于你和伴侣是什么样的人,关键是你们需要一起做一些重要且具体的事,从而来定义这段感情关系的意义。

在与伴侣朝夕相处的过程中,你们的生活交织在一起,你倾听伴侣的意见,接受他有益的批评或偶尔的唠叨,你就能逐渐将他教给你的东西内化。直到有一天，你会从他那里吸收你所能学到的一切，你会感激对方的存在让你在这段关系中成长了许多，变成熟了，也变得更为自洽和理智，是他帮助你变成自己想要的模样。

也许正是因为这段感情关系拥有宏大、亲密、充满爱的目的，它最终才会收场，就像一部小说总会终结，但这不是因为作者厌倦了写作，而是因为这件作品在经历重重困难之后，已经有了一个良好的结局。或者，更让人难过的是，这段感情关系完结，就像美好且短暂的童年结束那样。多亏了父母的关爱，孩子面临离家闯社会的节点时，不会被愤怒地赶出家门，也不会因为绝望而逃离家庭，孩子离家是因为童年阶段已经结束。这不是爱的消失，而是爱的正果。因此，一段感情关系的结束并不是失败的标志，而是成功的标志。

这些例子的不同之处在于，当事人内心清楚地知道自己努力是为了什么，心中有一个目标，正如小说不会永远未完待续，孩子也迟早要离开家独立生活。但由于

十四、分手一定意味着感情的失败吗

你通常并不清楚这段感情关系的目的是什么,你往往无法清晰地感知什么时候已经抵达一个适当的结局。或者,你从来没有思考过这段感情关系的意义,因为你可能只是为了摆脱单身状态而和对方在一起。如果是这种情况,你同样需要反思,为了摆脱自己的孤独而和对方交往是不是独占对方生活的充分理由。

在理想的感情关系中,成就感是相互的。但现实往往是残酷的,有时你可能想离开,而伴侣却希望你留下。在这种情况下,"爱的过程是相互学习"的理念依然适用,你和伴侣之间不断爆发的争吵与冲突意味着,你已经不能再教给对方任何东西了。也许你身上还有他需要学习的品质,但你已经不再是合格的老师了,你不再像之前那样有足够的耐心,也缺乏向他传递有用信息的能力、魅力和自信。你已经尽力了,你完成了自己在这段感情关系中的任务,不是因为伴侣没什么需要学的,而是因为你已不再是指引他的合适人选。

你知道自己还有其他许多方面需要发展,这样就可以避免因为分手而一蹶不振。你可能在这段关系中学到了很多，但这还远远不够。你还有更多的追求，对方可能已经不再是你合适的导师了，或者，你需要独自生活一段时间来获得自我成长。

十五、可是你不觉得对方很差劲

"不是所有的分手都一定反目成仇。"

你对于要不要分手感到困惑，原因之一可能是你并不觉得伴侣特别糟糕。值得一提的是，你并不讨厌对方，甚至也不介意和他在一起，并且奇怪的是，你仍然欣赏对方的一些地方。

你仍然尊重、欣赏对方的某些地方，但同时你又觉得该结束这段关系。这种矛盾使你感到困惑，并产生一个更奇怪的想法："只有当我对一个人忍无可忍的时候，我才可以离开他。分手的原因应当是我对伴侣感到憎恨、厌恶，怨恨是放弃一段感情的前提。"

这种想法对双方来说都毫无益处且相当残忍。当你被抛弃时，这个观念符合你对自身价值最黯淡的想象。你会觉得，自己是被仇恨的对象，被所有人讨厌，分手之前的那些甜言蜜语都毫无意义。在你的固有观念里，分手的原因只有一个：你对他感到厌恶，你看透了他，并且无法忍受他的存在。同时，你也在接受良心的谴责，因为只有非常愤怒或冷漠的人才会这样对待伴侣，而你的所作所为就显得尤为冷酷无情。双方都怀疑对方憎恶自己，这又无形中增加了分手的可能性。

但正如你所看到的，善良之人分手的原因有很多种，不是所有的分手都一定反目成仇。可能你想要自由，想要独立发展，已经在这段感情关系中得到了足够多的东西，觉得对方消耗了你太多的爱，或是发现自己和伴侣不再契合，等等。这些都是你想要结束这段关系可能的情况，但并不代表彼此之间已经没有爱了。

有时，那些决定你现在觉得是错误的，从长远来看却是正确的。你仍然对伴侣有感觉，不代表你就必须和他在一起，分开也不一定要留下恩断义绝的证据。对于想离开的一方来说，温柔并不是无缘无故的感觉。如果一定要继续这段关系，你也可能和眼前的伴侣幸福地共度余生，但是没有人强迫你，你也没有义务维持这段关系。你的终极目标和责任是自我成长。如果心里对他仍有美好的感觉，你无须感到困惑，只需要欣赏自己年轻时在择偶方面的明智，并且始终尊重自己今天的选择和明天未知的自己。

十六、有权做这件事吗

"做自己心灵的主人,
对自己保有最大的同理心。"

当你在考虑感情的去留问题时，你需要警惕"你想做的事"和"你觉得自己有权做的事"之间十分微妙的区别，它隐藏在你的选择过程中。

在感情问题上讨论自己是否有权做某件事，听起来似乎有些奇怪。从理论上讲，你明白自己不需要任何干涉，你不需要求助上帝，不需要寻求父母或其他权威人士的意见，而是要自己做出决定。然而，在某种微妙的潜意识层面，你可能会觉得自己并不是所有事都能随心所欲。尽管你要做的决定关乎自己的问题，但是你考虑的通常不完全是自己。

同样地，回溯过往经历有助于你理解这一点。为什么你在做决定时会把自己看得那么不重要？你在成长过程中往往很少得到关于"梦想能实现"的正反馈，从小的成长环境让你形成的观念是，表达自己的需求会带来不好的结果，渐渐地，你习惯于顺从权威，牺牲自我以获得认可。你对别人的情绪很敏感，很怕别人不高兴，因而不会过度强调自己的想法。你可能也有自己渴望的东西，但是又会将这种欲望压抑在心底，而去优先考虑别人的感受。你的问题不在于你对是否分手感到困惑，而在于你还没有学会照顾自己。

你可以问自己一个简单的问题，来让自己不再那么束手束脚。为了挖掘自己最真实的心愿，你需要不做任何思考地迅速直接作答。

如果现在你可以什么都不用管，想做什么就做什么，那么你会……？

十六、有权做这件事吗

你不妨再尝试着问自己另一个问题,迫使自己正视那些长期潜伏在头脑中的所谓权威的声音。

如果可以保证你这么做是对的,这不是"坏事",你可以做你想做的事,那么你会……?

最后,为了更好地和自己对话,你需要问自己这样一个问题。

你最希望本书给你什么建议?

如果上述三个问题的答案都是结束这段关系,那么这就说明你此前的纠结并不正确,因为你遇到的问题不是要不要分手,而是自己是否有权主动提分手。你知道要在这段感情关系中留下还是离开,只是缺乏自主意识和能动性。你知道自己想要什么,只是不敢付诸行动而已。

因此，搞清楚"你想做的事"和"你觉得自己有权做的事"之间的区别显得非常重要，这样你就不会对自己、朋友或心理咨询师假装自己还在努力从这段感情关系中寻找什么值得留恋的东西了。你会明白，你不离开不是因为这段感情还有值得你留恋的东西，而是因为你在寻求一种"许可"，你非常确定自己想要什么，只是你还没有勇气迈出这一步。

你要做自己心灵的主人，对自己保有最大的同理心。过去你可能很难去承认和表达自己的需求，长期以来，你都严格要求自己迎合别人的期待，包括父母、老师、领导和社会的期待。如果你没有按照别人希望的那样做，你就觉得自己不是一个讨人喜欢的人，不会受到别人的尊重，也就称不上优秀了。但是，当下的生活并不是你想要的生活，你不满意现在的生活，你必须迈出这一步。要改变自己的处境，唯一需要许可的人就是你自己。

十七、是否期望过高

"应该勇敢地去过自己想要的生活。"

你考虑结束一段感情关系,通常是因为你在内心深处期望遇到一个更好的人。你厌烦了现在的伴侣,因为你发现了他身上很多难以忍受的缺陷,例如情商低、不够性感、不够帅气/漂亮、不够聪明、不够有活力、不够温柔善良等。但你明白自己也有很多不完美的地方,所以随后你又会怀疑自己是否有资格抱怨这些。"我有什么资格抱怨对方?""我这样的人还想找到更好的伴侣,简直是奢望,难道我不应该接受并感恩现在拥有的一切吗?"那么,你到底可不可以有期望呢?你的期望是不是太高了?

你可以先看好的部分，你所幻想的那个伴侣确实存在，而且可能有好几个。你甚至不需要想象，因为你可能在许多不同的场合邂逅类似的人：朋友身旁的某个人，杂志上的某个人，或是咖啡店里坐在你对面看书的人。假设你的理想伴侣（例如有着爱因斯坦那样的思想、好莱坞明星般的身材、圣人般的善良心灵、丰富的资源）并不离谱，你并没有天真地想要一个完美的伴侣，你清楚自己的价值，以及你能吸引什么样的人，你只是觉得自己值得拥有更好的伴侣。毕竟，全世界有好几十亿人，你有理由相信总有这样一个人符合你的所有期待。

但是，事情总不会像理想中那样十全十美。你可能由于差一点运气和时机，或是意外事件发生，不得不向现实生活低头，放下这段感情，但最终也没能再遇良人。可能真的存在和你完美契合的灵魂伴侣，但种种阴差阳错中你们错过了，最终只留下遗憾和孤独永远陪伴着你。你必须接受的现实是，即使真的有那样一个符合

十七、是否期望过高

你想象的人存在，你也不一定有机会在短暂的生命里和他相遇。

尽管你不满意现状，想要寻找一个更好的伴侣，但谁也无法保证你的期望一定能实现，最多也只能勉强且含糊其词地说"也许吧"。

但是当你不确定自己是否期望太高时，你不妨停下来问自己一个问题："对什么期望过高？"如果你所说的"期望过高"，是指必须保证自己与心仪之人开启一段幸福美满的关系，那你的期望确实有点高，你最多只能是"可能"找到心仪之人，从此过上幸福的生活。如果你的期望是拥有比当下更好的感情关系，那你的期望绝对不算"过高"。虽然将来是未知的，你不知道自己会不会遇到更好的人，但你确信现在的伴侣不是自己想要的那个人。

在感情生活以外的领域，那些坚持梦想的人会被接纳和尊重，成功可能没有很快眷顾他们，但是他们一直在无人问津的路上默默地努力着。有的人可能会花几十年的时间创作某种艺术，而不在意自己的作品是否会得到世人的赞誉。有的企业家可能会放弃更高的利润，只为保持自己做产品的初心。有的政治家不在乎权位的诱惑，坚持自己的观点。这样的人不是不喜欢鲜花和掌声，也不是不爱金钱和权力，只是对他们来说，更重要的是坚守自己信仰的艺术、喜爱的产品和认同的理念。

你当然希望在这个世界上得到你相信的一切，收获应有的正当结果。但如果最终要为平庸的艺术作品喝彩，向高利润的劣质产品妥协，或是为权宜的政治做心口不一的工作，那就违背了你的初心。而在感情生活中也一样，如果你身边的人在精神和物质层面都不是你喜欢的类型，那仅仅为了维持关系而与他同床共枕就没有任何意义。

就感情关系而言，你应该勇敢地去过自己想要的生活，首先有实际层面的原因，其次有精神或存在方面的原因。从实际层面来说，即使你尚不确定自己未来如何，从令人失望的情感关系中解脱出来也有好处。与其

十七、是否期望过高

被束缚在一个你想要逃离的伴侣身边,不如回到单身状态,这样其实更能帮助你找到想要的爱情。单身的你不需要撒谎,也不必躲在暗处,你可以自由地告诉世界自己在追求什么。并且当下一段关系开始时,你也能够将自己的内心清空,坦诚地去迎接新的感情。

但除此之外,无论身边是否有符合你期望的人,遵循你内心的真实想法仍然是明智之举。如果你看重的仅仅是客观意义上的陪伴,而不珍视你真正想要的东西,那么这种生活就无异于行尸走肉,最终会摧毁你的灵魂。如果你放任自己对孤独的恐惧战胜你对伴侣的识别能力,委曲求全地和你已经厌倦的人在一起,你最终必将承受自尊带来的巨大压力。你会变得不再喜欢自己,为了减轻对伴侣的愧疚,你每天都会思考自己离内心真正的期望有多远。

如果将视线转向日本,你就会发现日本历史上不乏"高尚的失败者"。在特定领域(艺术、政治、商业、文化)里,总有这样一群人,他们虽然几乎没有获得世俗的成功，但依然忠于自己的信仰。伟大的诗人可能在城外简陋的小屋里默默无闻地度过一生，兢兢业业的陶艺工匠做出的精美陶艺品可能并没有得到很多人的欣赏，雄才大略的政治家可能因为坚守美好社会计划而多次错失晋升的机会。然而，在日本人的观念中，这样的人并不是失败者。从某种角度来看，他们虽然事业无成，但仍然值得尊敬，因为他们拥有比眼前的名誉、财富和夸赞更重要的东西——自己的初心。缩小到情感生活上，我们也可以借用"高尚的失败者"这一概念来勾勒结束这段关系后会发生的事情。当然，在感情关系中忠于自己要比在其他领域坚持简单多了，这种"高尚"来源于不让你对孤独的恐惧控制你的决定，来源于你坚定地希望和契合自己的人朝夕相处——即使要忍受长长的孤独时光，你也依然坚信宁缺毋滥。最终你会明白，就像音乐爱好者更喜欢安静而不是忍受自己不喜欢的背景音乐那样，比起困住彼此、将就一辈子而变得狼狈，在爱情消失的时候体面放手才是忠于爱情。

十七、是否期望过高

在结束一段感情关系后,你可能不会有成功的感觉,在别人看来,你的生活还有些奇怪。你离开了一段"表面健全"的感情关系,独自开启一种有些苦涩但完全属于自己的生活。但是,你不仅仅是伤心,还会收获更大的豁然。在追寻爱情的路上,你会是"高尚的失败者"。你会获得自我满足,因为你不是违背自己的心意将就地与人相伴,而是宁可独自一人,也忠于自己的内心继续寻爱。

十八、该怎么告诉对方

"真正的善良是坦诚地表明彼此不合适。"

或许你已经确定自己想要结束这段关系，但是让你头疼的是，你不想伤害对方，尤其是对方可能还和你有着深厚的感情，他对你很好，给了你信任和未来，你们可能还计划了几个月后的出国旅行，你不想让他痛苦，因此迟迟无法开口。你可能无数次话到嘴边又在最后一刻收了回去。"等假期结束。""等他过完生日。""明年吧。""明天早上吧。"你不断地这样告诉自己。一个又一个的最后期限过去了，你仍然没有向对方提起这件事。

你迟疑是因为你不希望看到他伤心的样子。一旦你提出了分手，他可能会崩溃大哭，你害怕看到他哭到不能自已，不想看到被泪水浸透的纸巾堆积如山。但是这些都来源于你内心深处对他的一种愧疚，你把责任归咎于自己，觉得是自己导致一个原本能干且独立的人陷入崩溃。奇怪的是，你竟然宁愿未来几十年都过这种自己并不满意的生活，也不愿意面对提出分手时哪怕只有五分钟的不安。同时，你心中的某个角落可能也存在着恐惧。你可能还没意识到，自己有点害怕对方。你怕如果提了分手，对方就会怒不可遏，大发雷霆，指责你虚伪，说你的行为可耻，甚至他还可能动手，威胁你的人身安全。

要么你是强势的一方，提出分手让对方痛苦；要么你是弱势的一方，虽然提出了分手，但会被对方的愤怒伤害。无非就是哪一方受到伤害的问题。因此，你迟迟不敢提起分手的事。尽管你头脑中理智、成熟的部分知道对"受伤"的恐惧不会变成现实，但你还是会下意识地去设想这样的后果。就像和一个恐高症患者说阳台不

十八、该怎么告诉对方

会倒塌，或者告诉一个抑郁症患者要高兴起来那样，理智在这种情况下起不到什么作用。人的很多想法都无法用逻辑解释，你的潜意识里可能存在这样一种想法，即违背一个重要人物的意愿意味着他或者你会受到伤害。

童年经历可以帮助你理解这种恐惧。可能你深爱的父母就很敏感，你总是小心翼翼地不让他们失望。你的父母可能身体不太好，或是精神状况不佳，又或是在人际关系中不顺，而你是父母唯一的依靠和希望。你可能很早就形成了一种观念，即你必须按照他们的意愿长大，处处都要满足他们的要求和期待，这样他们才不会失望。而只要你提出一点自己的想法和需求，他们就会伤心、崩溃。你很爱父母，从而不敢做自己，要求父母接受你的不同想法对于他们来说太难了。你可能在只有三岁的时候就已经不经意地内化了这些信息，学会了不吵不闹、安安静静地玩耍，学会了控制自己偶尔的调皮，学会了收回自己激进的部分，时刻表现得乖巧聪慧、活泼开朗、乐于助人，保证自己不会给那两个有很多事要忙的大人造成任何"麻烦"。

还有一种可能的情况是，在你个性形成的童年时期，身边有一个人对你的挫折表现出极度的愤怒。一个脆弱的两岁孩子不明白自己的什么错误行为会让一个成人如此愤怒，更不清楚愤怒的后果是什么。成人或许知道，这个脸红脖子粗的人并不会伤害别人，可能只是发一通火，很快就会捡起地上被打碎的花瓶。但孩子眼中的情形不是这样，面对比自己大很多的成人，孩子会害怕这个咆哮的人再上前一步，用锤子砸碎自己的脑袋。父母的情绪失控和破门而入会让孩子害怕自己也被扔出窗外。勃然大怒的成人当然不可能去伤害自己的孩子，但是会给孩子留下心理创伤。一个人的举动可能没有构成实质性伤害，却足以给白纸一般的心灵留下阴影。而当孩子长大以后，这种阴影已经埋藏在心里。于是，当需要违背别人的意愿提出自己的想法时，他会犹豫不决。

多年前某些特定环境下发生的事情，给你造成了强

十八、该怎么告诉对方

大、隐蔽、几乎不为人知的影响。直至今天,你仍会害怕提出自己的想法,这种恐惧已经在头脑中扎根了。通过回溯过去,你需要明白这种恐惧真实存在,但它仅存在于你的头脑中,不属于成人的现实世界。那些你担心可能发生的事情其实已经在你的脑海中发生了,你会假想有的人因为一个不好的消息而自杀,有的人则会消灭任何让其不开心的人。但是,你必须接受的事实是,这种恐惧是孩童时期产生的,你现在已经是成人了,你和对方的身份是平等的,别人没有理由这么对待你。如果对方迁怒于你,你完全可以采取更多的反击措施。按照小孩子的思维,如果你提出的想法让对方失望了,那你就有责任帮助对方缓解痛苦,并不断地做出让步。但是在成人的世界里,大家都是独立完整的个体,没有义务去承担这样的责任,也没有人需要这些。可能在你提出分手后的几个小时、几天或几周里,他都很难过,但他最终会自己释怀的。总有一天,他会忘记现在的痛苦,重新收拾好心情,继续自己的生活。他也可能会愤怒,但是他不会真的拿起菜刀伤害你。他可能会暴跳如雷，对你大吼大叫，甚至说一些难听的话，但你也不再是什么都不懂的小孩子，你完全可以逃跑。必要时，你可以报警或联系律师。不必害怕对方发泄愤怒，你要相信现在的自己就像飓风中坚如磐石的桥梁一样，可以承受一切风暴。

此外，你还要记住"仁爱"和"伪善"的区别。永远照顾别人的感受，由于担心激怒或伤害对方而不让他接触不好的方面，并不会有任何好处，反而对他非常不公平。如果没有爱情，你只是为了避免分手给对方造成不愉快，而继续和一个你已经厌倦的人生活，那么这几十年不仅你会过得不开心，对方也在遭受惩罚。你留给他的只有刻薄、怨恨、不忠和失望，虽然你没有提出分手，没有做这件看上去最残忍的事情，但你做了对他的人生最不公平的事情。

一个出乎意料的事实是，世界上的大部分痛苦都来自人们热衷于伪善，或是过于懦弱而不愿意给对方带来

十八、该怎么告诉对方

短暂的痛苦。真正勇敢的分手方式是允许一个仍然爱你的人感到愤怒或难过，你不需要替他想象是否还能找到像你这样的人。他现在可能会觉得，离开了你，他的生活就变得黯淡无光，他再也找不到更好的人了。但是随着时间的推移，他会想通，会看透你，并且不再伤心。真正的善良是坦诚地表明彼此不合适，即使可能已经安排好了假期、看好了房子、定好了婚礼，你也可以提出自己不想继续的想法。你有权选择自己想要的伴侣，这没有任何错，也不会有什么可怕的后果。不懂得及时止损，由于害怕提出分手给对方造成困扰而一拖再拖，最终毁掉自己和对方的生活，才是最大的错误。

十九、为什么对方现在看起来这么顺眼

"在爱情接近尾声的时候,
也可能会出现心动的感觉。"

这些年来，你觉得和伴侣的相处过程很难，你已经受够了那些刺耳的话语、无尽的指责和无情的羞辱，受够了大喊大叫、摔门、冷暴力的场景，你心里积怨已久。

或许你已经耗费四年甚至更长时间，咨询了朋友、心理咨询师和律师，经过慎重考虑，你最终决定结束这段感情关系。就在几个月前，你尴尬地宣布了这个决定，伴侣陷入长时间的悲伤和愤怒，分手的场面并不好看。但随着时间的推移，分手的事情已经平息，变成了一个安静、伤感、双方都能接受的事实。你马上就要搬出去了，新家已经布置好了，这是最后一个周末，和伴侣在晚饭前像告别一样一起喝了点酒。

但就在这时，你突然意识到一些事情，这让你感到困惑和尴尬。尽管你付出了巨大代价，好不容易下定决心结束这段关系，但你不得不承认，此刻他仍有吸引你的地方。他穿着你喜欢的鞋子，微微侧头看你的时候，你仍然会有心动的微妙感觉。聊天时他偶尔会提及你们共同的朋友，你仍能感受到他与生俱来的友善。看着客厅的布置方式，你仍然欣赏他的小巧思。他在看新闻时，会诙谐而犀利地说上几句，他的思想有深度。你甚至会觉得他此刻有点惹人怜爱，你想再摸一摸他的头发，和他待久一点。你有打开行李箱的冲动，想着是不是应该再考虑一下。在最后一刻你又有些动摇了，你有点想改变心意，你开始怀疑自己是不是犯了个可怕的错误。没想到眼前这个你千方百计想要离开的人，竟然还对你有吸引力。

这究竟是怎么回事？难道是爱情苏醒了，在提醒你

十九、为什么对方现在看起来这么顺眼

如果放弃分手的计划,和伴侣重归于好,你就会更幸福吗?或者这只是暂时的心理失衡产生的错觉,其实对现实不会有任何影响?

你可以尝试这样解读自己的感觉,那就是在要离开的最后一刻你对伴侣心动了。屠格涅夫的小说《春潮》里,有一段关于"心动"的经典文学描述。在一个温暖的春天,一个男人在赶往车站的途中,走进一家酒吧想买一瓶矿泉水。他邂逅了一名女服务生,她有着一头靓丽飘逸的秀发和可爱迷人的微笑,优雅地打开瓶子。这个男人感觉自己一头栽进了爱河,开始忍不住想象自己和她的幸福未来。于是,他放弃了原来的行程,预订了一家附近的旅馆,这样他就可以一直和她在一起了。两天后,他决心娶她回家。但三天后,他突然意识到这是一个可怕的错误,他跑了,从此再也没见过这个女服务生。

虽然人们几乎都把心动的感觉与爱情的开始联系在一起,但实际上在爱情接近尾声的时候,也可能会出现

心动的感觉。为了纪念屠格涅夫的这本书，我们可以把爱人即将分开的经历称为"秋波"。

无论是"春潮"还是"秋波"，基本特征都是，被心动的感觉左右时，你与对方在现实中不会有深入的接触。可以说，你是站在现实世界之外，静静地窥视着对方。你不是真的要和他建立一个家庭，不需要对方同意自己在政治、家庭、性生活或工作方面的选择，也不要求对方以特定的方式爱你。你不会对他提出任何要求，你只是隔着现实静静地欣赏他。由于你处于这样一个毫无压力的有利地位，你看到的是一个散发魅力的人，他会让你感到由衷的愉悦。即使你不一定有机会与他走得更近，你对他的欣赏和评价也非常公正。遗憾的是，这个世界上让你心动的人可能有很多，但能和你相敬如宾地一起生活的人却少之又少。

虽然在这种情愫的驱使下，你看上去愿意为这段感情付出最大的努力，但实际上你怀揣的是最低期望。因为当你被一个人迷得神魂颠倒时，你会把所有期望都抛

十九、为什么对方现在看起来这么顺眼

之脑后。可能只是一通简单的电话,或者他答应了你的邀约,就会让你欣喜若狂;而如果对方主动挽起你的手,你就会感到无比幸福。在爱情的粉色泡泡之下,你的谦虚值达到了巅峰,也非常容易感到满足。但是随着感情的深化,你的期望值也会提高,你开始有了衡量这段关系的各种标准。两个月以后,当你们之间出现意见不一的情况时,例如伴侣不想和你有亲密行为,他对你的家人产生了误解、对你的朋友表现出不满,你们在布置房间时因为品味不合而发生争执,等等,你就会感到苦恼。这段感情不得不以失败告终,但这并不是因为你选择的伴侣很差劲,而是因为你对他的期望越来越高,当他不符合你的期待时,你会感到失望。

然而,这并不代表这些期望过高或不合理,客观来看,你的期望不是没有道理的。你希望和伴侣在各方面都契合,希望对方能够理解你,这没有错;你想寻求彼此之间更多的联结和沟通,这也没有错。伴侣身上当然有很多吸引你的闪光点,但他仍有可能不是对的人。

而到了即将分开的时刻,你又对他产生了心动的感觉,这只是因为放下期待后,你又重新发现了对方的优点,而不是像你以为的那样——"继续这段关系可能才是对的"。

当你已经做好结束这段感情的决定,却在离开伴侣的最后一刻产生了心动的感觉时,你需要谨防自己被这短暂的悸动拉回到你自以为的爱情中。因为这一刻,你是站在这段感情之外,以"陌生人"的身份被眼前的人吸引,而不是真的想和他继续之前的生活。这恰恰表明,在你内心深处,你已经彻底放弃了与对方共度余生的希望。

二十、有些念旧怎么办

"在最脆弱的状态下,
千万不要相信自己当时的感觉。"

在经历分手的痛苦之后,你结束了这段关系,恢复了单身状态,现在一切都要靠你自己了。你不得不承认,独自生活比你预想的要难多了。你也并没有很快就开始频繁约会,同时家里也有很多你不善于应对的琐事,例如暖气上周就坏了,你却不知道怎么联系人来修;采购也常常让你手忙脚乱。

当空下来的时候,你偶尔会发呆,出神地回想起上段感情中那些美好的场景。你会想起某个冬天周末的海边,他戴着厚厚的围巾走在沙滩上,看起来可爱极了。你们一起在海边喂食海鸥,吹着海风,用纸杯倒白葡萄酒喝。虽然当时买的不是什么上好的葡萄酒，一次性纸杯也很随意，但你们感受到了简单的快乐。还有一次在巴黎度假的时候，你们无意中发现了一家藏在辅路上的越南小餐馆，还和店主夫妇成了朋友。你还忍不住回忆起有次聚会，你们都不太喜欢其他客人，于是你们肩并肩地坐在角落里悄悄说着他们的坏话。那些曾经看起来普通得不能再普通的事，却让现在的你无比怀念。你从超市采购完出来，把冰箱和橱柜里的东西都放好，给自己做点简单的饭菜，然后窝在沙发上看电视，安静的客厅里回忆慢慢涌上心头。这时你可能会有点感伤，甚至有给前任打个电话的冲动，你觉得对方应该也不会反感吧，至少他还是愿意倾听你。

你该怎样看待自己的这种情绪？它有可能表明你意识到分手是个错误，但更大的可能性是，你作为刚经历分手、面临新生活的单身人士，通常会由于心理习惯的影响，在刚开始独自生活时产生一种怀旧的情思。

19世纪中叶，英国社会经历了工业革命和科学变

二十、有些念旧怎么办

革,这改变了人们原有的固定生活方式,社区不复存在,人们搬进了陌生的大城市,曾靠宗教维系的稳定性也被打破。为了缓和这种混乱,艺术家和思想家开始构想美好世界的蓝图,其中一些人将目光转向过去,具体而言,就是试图从中世纪社会的智慧、连贯性和满足感中求索。科技在进步,人们在陆地上铺设铁路,在海洋中铺设电缆;而一些艺术家仍在歌颂和提倡回归十二三世纪那种由社区构成的单一社会。许多艺术作品都描绘了英俊高大、热情洋溢但未受过教育的劳动者,高兴地庆祝丰收的农民以及接受穷人为自己服务的仁慈地主、小姐等是这些画作的主角。在这些艺术家的笔下,暴力、疏远、恐惧、残酷似乎都不存在,没有人在意是不是吃饱穿暖,也没有人提及靠燕麦和劣质猪油填饱肚子的艰苦,似乎那时的人们即使住在茅草屋里,只要每周都去教堂(连教堂也是用石头搭起来的)虔诚地做礼拜,也能过着轻松快乐的生活。

这种念旧的态度实质上忽视了事物发展的原因和必

要性。对于念旧的人来说，过去才是最好的，不需要改变或发展；历史好像是无缘无故地前进，当下的复杂性则具有偶然性，而非事物发展的必然结果。尽管他们也认为这种变化有积极的一面（例如在忙碌的收获季节或燥热的夏日，他们会感受到科技进步确实带来了很大改善），但是他们更关注改变过去所带来的不堪忍受的部分。他们之所以念旧，是因为无法接受当下由过去蜕变、发展而来。其实无论当下是不是完全令人满意，都是事物发展的必然结果，而过去由于存在不可避免的各种问题已经被淘汰了。他们坚持认为，过去非常幸福，遗忘曾经的幸福才让现在的一切都变得更糟了。

在感情关系中，你也会选择性地推理，会觉得自己曾经过得很幸福，但后来一些错误和疏忽导致你变得不知足。最终当你做出改变、分手后，你还会常常想起以前的美好。然而，如果你一直想着回到过去，你无疑是太小看了之前的自己。你对这段感情关系看得最清楚的时候，不是在分手后的六个月或几年内情绪低落的时

二十、有些念旧怎么办

候，而是在你身处其中的时候，在你缓慢并审慎地做出决定的时候。

在你结束这段感情关系后，那些曾经让你不满的具体事件会渐渐烟消云散，你会倾向于记住美好的时刻，遗忘不愉快的经历。那些声嘶力竭的争吵、不欢而散的旅行、性生活不和谐引发的争执、针锋相对的话语等，都会淡出你的记忆。大脑是神经质的，除非眼前正在发生危险，其他情况下它不喜欢听到坏消息。明白了这一点，你可以肯定的是，上段感情关系一定有致命的缺陷，否则你也不会不顾一切地决然离开。如果这段关系真的像你现在回想起来的这样美好，那你当初也不会提出分手了。对过去的回忆是经过美化的，并非基于事实，主要来自恢复单身后的孤独和恐惧。

此外，你并不像自以为的那样可以满足于现状，这违背人的本性，就像现代都市人幻想在中世纪的木屋中找到永恒不变的幸福一样。幻想着回到过去，并不会帮助你解决当下面临的问题。你需要正视当下的困难，充分发挥自己的潜能,从而找到可行的出路。

当你刚刚经历分手,在最脆弱的状态下,千万不要相信自己当时的感觉,而要相信自己之前做出的决定。一个简单有效的准则是,你必须相信自己在掌握全面信息的情况下做出的决定,而不要信赖自己想改变主意时稀里糊涂的想法。你做出分手的决定时,一定有充分的理由,只是你在感伤的时候一个都想不起来了。但是,回到过去绝不会是你想要的,反而只会让你再次意识到为什么必须结束这段感情关系。出现这种反复的心理很正常,你要勇于面对自己真实而复杂的本性,并做好为此付出代价的准备。

二十一、可以妥协吗

"妥协不是一种缺陷。"

我们总是会对那些由于妥协而维持关系的夫妻带有一些偏见，他们的婚姻完全是一种表面关系，我们知道他们并不开心。他们选择继续这段婚姻关系，也许是为了孩子，也许是害怕孤独，也许是觉得自己找不到更好的伴侣。

这些动机在我们看来似乎不太光彩，因为在现代社会中，我们普遍形成了这样一种观念：我们每个人都有自由去做出符合心意、免除痛苦的选择，唯有懒惰和懦弱才会阻止我们这样做，而这种性格缺陷不值得同情和宽容。在浪漫主义的影响下，你期待的是灵魂伴侣，而当对方满足不了你的期待时,你就很容易失去耐心,并对他横加指责。

但是设想一下,如果暂且稍微改变一下该观点的前提,那么果真每个人在任何时候都能做出符合心意、免除痛苦的选择吗?浪漫主义的观点可能并不适用于所有人。也许你周围缺乏可以交往的优秀单身人士;也许你自身的魅力、性格、事业、自信或相貌也并不出众,不足以吸引理想的爱人;也许留给你选择的时间有限。如果你只是为了追求两情相悦或其他更大的快乐而破坏家庭,你的孩子会伤心。

同时,目前的情况虽然是妥协的结果,但对你来说可能是更优的选择。伴侣并不是一无是处,虽然有时会惹你生气,让你感到失望,但重要的是,他还算一个合格的伴侣。他对家庭有责任心,尽管彼此之间可能会保留一些意见,但你值得和他共同抚养孩子。与其两败俱伤地分开,不如保留那些拥抱、温馨的时刻,继续共同书写家庭的故事。

二十一、可以妥协吗

妥协不是一种缺陷，它可能也包含你深思熟虑后的成熟选择，你认真分析了现实情况，也许这就是摆在面前的理想选择。相反，拒绝妥协也不一定就是急功近利的完美主义观念里勇敢、有远见的表现，盲目地拒绝妥协可能只是一种僵化、自大和冷酷的错觉。

嘲笑那些在情感中妥协的人可能很容易，这反映了一个你试图去否认的问题，即悲伤和失望是感情关系的固有部分。那些选择妥协的夫妻只是承担了你害怕的具象化生活。

一个更为明智包容的社会是谨慎的，不应给妥协行为蒙上污名。不得不妥协已经够痛苦了，更痛苦的是，还要为此饱受内心的煎熬，这不公平。你应该重新正视自己，并尊重自己的每一种选择。你可以允许自己在感情中做出妥协，容忍伴侣的缺点，在不陷入愤怒或绝望的情况下将自己难过的程度降到最低。与外表、性格的缺陷和解，能够认识到自己是谁以及自己可以做什么，承认目前没有更好的生活方式可供选择，接受妥协之后虽不十全十美但也有期待的生活。实际上,那些妥协的夫妻不是爱情的死敌,而是真正理解婚姻价值的先锋。

二十二、如何为这段感情画上句号

"协商一种更清晰的叙事，
为不同的现实留出余地。"

许多不顺利、不欢而散的感情关系都源自两个问题，即谁对谁做了什么以及为什么要这样做。这两个问题可能会在感情关系中同时存在，但双方对这两个问题的思考始终无法统一。在经历多次争吵和许多失望难眠的夜晚后，一方可能会觉得这段关系不得不画上句号，并总结出以下原因。"他太冷漠了，我这么努力地想和他保持更多的情感联系，他却对我充满了防备心，我简直就是热脸贴冷屁股，不想再继续下去了。"

但是在另一方（同床共枕近五年的伴侣）的脑海中，情况听起来却完全不一样。"她要求太高了，还有点偏执,总是怀疑我不爱她,但是我明明就很爱她,只是我的方式她不懂而已。她总是朝我发火,看上去已经对我失望透顶了,我想我们应该结束了。"

在熟悉的那种两全其美的"从爱到不爱"的分手故事中,往往一方是善意的,而另一方要承担感情破裂的责任。但这种情况的前提是双方都认可这一点,否则认知的落差很可能会给双方带来长期的心理困扰。你可能会带着不满、不安和质疑不清不楚地结束这段关系,当你变得比以前更勇敢的时候,再回头看,你会开始反思自己当时是不是真正理解发生了什么,以及这段感情关系为什么会以失败告终。你们可能早已结束了这段关系,但是没有一个适当的"结局"。

"结局"并不代表要消除双方脑海里的认知差异,而是意味着可以将彼此的想法摊开来,协商一种更清晰的叙事,为不同的现实留出余地。

如果一段关系缺失"结局"、潦草收尾,那么其问题在于,一方被认定完全正确,而另一方被认定完全错

二十二、如何为这段感情画上句号

误。爱情仿佛是法庭审判，其结果只能是二选一，要么有罪，要么无罪。因此，在想象的分手故事里，总会有一方承担感情破裂的责任。要么一方变得异常冷漠，而另一方在试图建立亲密关系的方式上完全合理；要么被指责冷漠的一方认为，自己是理智的，而对方的要求不合理。这种毫无结果的争论可能在双方之间持续了好几年，并在分手后的几十年里仍然困扰着彼此。

你之所以不能高枕无忧，部分原因在于你觉得任何一个太令人满意、太迎合自身利益的故事，都只能算半个故事。这种怀疑让你很难睡得安稳。你可以选择固守一种毫无疑问的"正确"，也可以选择让自己理解爱的真谛。

一个善意的叙事者，需要以一种超然、客观的视角恰当地融合各种情感，才能让关于感情关系的故事更加真实立体。在不了解具体细节的情况下，你可以确定的是，双方对于这段感情的认知差距将会不断缩小和模糊。可能对方确实在某些方面表现得比较冷漠，但你可以先姑且称之为"情感回避"而不是"冷漠",因为考虑到他复杂、不堪的过往,这种行为值得同情,也可以理解。你朝他大吼——"能不能多爱我一点啊,你个怪胎!"这种处理方式当然也不妥,无论在什么情况下,都是一个自相矛盾的要求。然而,更公平地说,大吼大叫的一方并不是刻薄,而是有焦虑依恋的问题,这同样和过往经历有关,也值得同情。

要打破自己对于感情关系的片面认知,并尝试以对方的视角来思考问题,探寻对方的认知里所包含的有益真理,需要很大的勇气。但是当你真的做到这一点,放下了自己的固有观念,你将会拥有更重要的东西:一个凸显多面、理智、善良和坚定的真实故事版本。

二十三、这个选择是错的吗

"无论你最终选择了什么,
　都不会百分之百正确。"

行文至此，你可以看出本书旨在帮助那些在感情关系中遇到困惑的人尽量减少错误，避免遗憾。在做出决定之前，你有很多方式来厘清自己的思路，避免盲目行事，防止自己做出违背本心的决定。但有时你需要明白，人生没有正确的选择，无论你最终选择了什么，都不会百分之百正确。当你接受了这个事实，你就会释然很多，不再纠结于自己是不是会后悔。

不管你迈出哪一步，你都可能留有遗憾。选择结束这段关系，你可能会伤心；选择继续这段关系，你也可能会委屈；即使你创造了另一种模式，你也可能会有不开心的地方。完全没有遗憾的选择是不存在的,当你做出选择的时候,你就应该知道自己必然会失去一些东西。

哲学家克尔恺郭尔早在19世纪就提出了这一真理,他的核心思想就是人生具有不完整性。他指出,做出任何一个选择,都意味着放弃了其他选择包含的幸福,你注定会不时感觉自己与最优选择失之交臂。克尔恺郭尔的著作《非此即彼》中有一段令人沮丧的喜剧式描述,试图劝说你不要希冀做出永远不会后悔的选择,节选如下。

> 结婚,你会后悔;不结婚,你也会后悔。结婚或不结婚,无论哪种方式,你都会有遗憾。嘲笑这个世界的愚蠢,你会后悔;为了世界的愚蠢而哭泣,你也会后悔。无论是无情地嘲笑世界的愚蠢还是为此感到伤心难过,你都会后悔。相信女人,你会后悔;不相信女人,你也会后悔;不管你相信还是不相信女人,你都会后悔……上吊自杀,你会后

二十三、这个选择是错的吗

悔；选择不轻生，你也会后悔，无论怎样，你都会后悔。可怜的人啊，这就是人生的宿命。

虽然这一哲学真理听起来有些残酷，但实际上理解并接受它对你来说十分有益（很多略带黑色幽默的真相都是如此）。你不应该用自己可能错过的美好风景来折磨自己，无论你的选择是什么，它都会以最美好、最善良的方式，让你有点不开心。你觉得自己当时"要是那样就好了"，并为错过的东西感到遗憾。但这并不意味着你做出了"错误"的选择（而且事实上这也不存在，也没有完全"正确"的选择），你只是在实现自我的过程中，承受着现实生活的一切。你不要期待自己能够以完美的智慧做出不留遗憾的选择，避免那些让自己免于后悔的努力变成徒劳。你当然会有些失误，但这不代表你就会经历一场悲剧。只要你以平和的心态面对失误，它还可能成为你和朋友之间谈笑的主题，并且让你在面对生活难题时保持最佳的谦卑态度。

图书在版编目（CIP）数据

该结束这段感情吗 / 英国人生学校著；张闻一译.
北京：中信出版社，2025.3.--（人生学校）.
ISBN 978-7-5217-7380-4

Ⅰ.C913.1-49

中国国家版本馆CIP数据核字第2025MX3951号

STAY OR LEAVE
Copyright © 2021 by The School of Life
Simplified Chinese translation copyright © 2025 by CITIC Press Corporation
ALL RIGHTS RESERVED
本书仅限中国大陆地区发行销售

该结束这段感情吗

主编：	［英］阿兰·德波顿
著者：	［英］人生学校
译者：	张闻一
出版发行：	中信出版集团股份有限公司
	（北京市朝阳区东三环北路27号嘉铭中心　邮编　100020）
承印者：	嘉业印刷（天津）有限公司

开本：787mm×1092mm 1/32		印张：6.25	字数：93千字
版次：2025年3月第1版		印次：2025年3月第1次印刷
京权图字：01-2024-5841		书号：ISBN 978-7-5217-7380-4

定价：49.00元

版权所有·侵权必究
如有印刷、装订问题，本公司负责调换。
服务热线：400-600-8099
投稿邮箱：author@citicpub.com

"人生学校"系列

— 已出版 —

《该有下一次约会吗》
《还会找到真爱吗》
《真的真的准备好结婚了吗》
《我们能不能不吵了》
《如何修复破碎的心》
《该结束这段感情吗》

— 待出版 —

The Couple's Workbook
Why You Will Marry the Wrong Person
The Sorrows of Love
How to Think More About Sex
Affairs

图书策划　中信出版·24小时工作室
总策划　曹萌瑶
策划编辑　蒲晓天 杨思艺
责任编辑　谢若冰
营销编辑　生活美学营销组
装帧设计　APT

出版发行　中信出版集团股份有限公司
服务热线：400-600-8099　网上订购：zxcbs.tmall.com
官方微博：weibo.com/citicpub　官方微信：中信出版集团
官方网站：www.press.citic